같이
먹고 일하면서
놀았다네

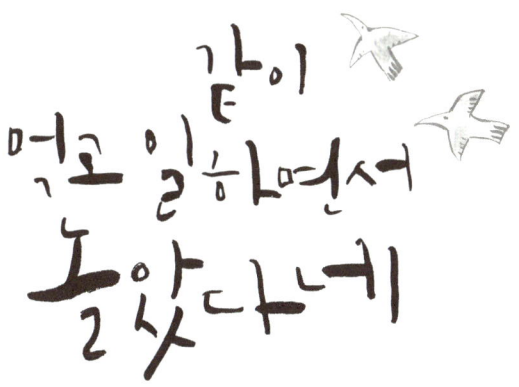

같이
먹고 일하면서
놀았다네

김용택 지음

문학동네

■ **일러두기**
- '김용택의 섬진강 이야기'는 1948년부터 2012년까지 섬진강 마을의 역사와 사람살이를 기록한 산문집이다. 마을 사람들의 정서와 언어를 훼손하지 않기 위해, 입말과 방언은 표준어로 고치지 않고 살려 썼으며, 지역명은 현 행정구역명과 다를 수 있다.
- 『같이 먹고 일하면서 놀았다네』에는 저자와 출판사의 동의하에 『그리운 것들은 산 뒤에 있다』(창비, 1999)의 내용 일부가 재수록되어 있다.

서문

마루에 서서

다 보고 싶어요
태환이 형, 일촌 양반,
얌쇠 어른, 큰아버지, 금화
다 보고 싶다고요.
문수 어른, 빠꾸 하나씨, 암재 할머니
다 보고 싶어요.
다 보고 싶다고요.
비 오잖아요.
가을비는 강 건너 지금 오잖아요.
그래서 다 보고 싶다고요.

다 보고 싶어요. 그래서
그 그리운 이들을
여기 불러 모았습니다.

2013년 1월
비 오는 날 김용택

차례

서문 _ 마루에 서서 … 005

제1부 • 같이 사는 우리

- 돼지 잡는 날 … 013
- 박과 바가지 … 027
- 지충개야 지충개야 나주사탕 지충개야 … 031
- 정든 임 반찬 … 035
- 보리 갈 무렵 … 039
- 세상의 소리, 아름다운 물소리 … 043
- 활장구 장단에 너울너울 … 048
- 먹고 놀자, 정월 … 053

제2부 • 물고기도 밤에는 잠을 잔다

- 저 물 반 고기 반 앞냇가 … 069
- 저런 멍청이 같은 놈 … 085
- 작살로 작살내기 … 089
- 돌려막고 품기 … 095
- 꺽지야, 꺽지야, 눈이 예쁜 꺽지야 … 099
- 꺽지 낚기 선수, 성만이 양반 … 103
- 메로 두들겨서 고기 잡기 … 106
- 고기 잡는 약 … 110
- 여름 보약 은어 잡기 … 117
- 가재 줍기 … 121
- 물고기도 밤에는 잠을 잔다 … 124
- 여름날의 가물치 사냥법 … 128
- 징검다리와 수두렁책이 … 131
- 내가 제일 좋아하는 고기, 쉬리 … 141
- 헛샘의 미꾸라지 … 144

제3부 • 한밤의 서리, 눈 내리는 날의 사냥

- 토끼 사냥 노루 사냥 … 151
- 딱꿍총과 새끼노루 … 160
- 닭 잡아먹고 꼴 베기 … 164
- 참새, 멧새, 꿩 잡기 … 173
- 물오리 집오리 … 177

제4부 • 아름다운 시절

- 곶감서리 … 185
- 보리 주면 외 안 주겠어 … 190
- 새각시가 뀐 방귀 소리 … 198
- 호미로 풀 한 짐 … 202
- 진메 마을의 풍물굿 … 205
- 달빛 쏟아지는 산길 밤나락 지기 … 210
- 갈굴 도랑 길에 돌무덤 둘 … 216
- 같이 일하고, 같이 먹고, 같이 놀고 … 220

그후의 이야기 _ 고향에 사는 것이 고통이었다 … 224

제 1부

같이 사는 우리

돼지 잡는 날

　영화 〈축제〉를 보다 지난 시절 우리 동네에서 돼지 잡던 날들이 문득 떠올랐다. 그리 흔한 일은 아니었다. 언제부터였는지 모르지만 추석이나 설이 돌아오면 돼지를 잡았고, 고된 모내기나 가을일이 끝나면 한 번씩 돼지를 잡았다. 아마 70년대 들어서였을 것이다. 돼지를 잡는 날은 대단한 축제일이었다.

　모내기가 서서히 끝나갈 무렵 동네 사람들은 무논에서 일을 하느라 진기가 다 빠지고 기름기를 흙과 물에 뺏겨 몸이 푸석푸석해진다. 세상에서 제일 고된 일은 비 맞으며 혹은 뜨거운 햇볕 아래 무논에서 일하는 것일 터이다. 모내기철이면 장딴지가 거머리에 뜯겨 피를 질질 흘리면서도 아무렇지 않게 다니는 어른들을 늘 볼 수 있었다. 모내기를 하다가 다리가 간지러워, 손으로 얼른 문지르면 영락없이 거머리가 미끈거렸다. 피를 빨아먹어 배가 통통해진 거머리를 장딴지에서 뚝 떼어내 손으로 꽉 누르면 주삿바늘에서 약이 뿜어지듯 피가 찍 나갔다. 어떤 놈은 얼마나 피를 빨아먹었는지 배불리 먹은 젖먹이처럼 스스로 뚝 떨어지기도 했는데 그런 놈은 구슬처럼 동그랬다. 징그러웠다. 거머리에 뜯긴 데는 두고두고 비가 올라치면 얼마나 가려웠던가. 아버지나 어머니는 거머리에 물린 데를 담뱃불로 지져서 가려움을 넘기곤 하셨다. 그렇게 피와 기름기를 다 논에 빼앗긴 동네 사람들은 모내기가 모두 끝나고 써레도 씻어 매달아놓으면 돼지를 잡았다.

"여어, 일도 슬슬 끝나가는디 돼지 한 마리 까야제."

누군가가 이렇게 한마디 던져놓으면 그 말이 이리 뒹굴고 저리 뒹굴며 하루, 이틀, 사흘…… 열흘 굴러다니다 드디어 누구네 집 돼지로 결정이 나면 잘 먹어야 본전이라는 여름돼지를 잡는다. 돼지 잡는 날, 마을회관 앰프는 여지없이 시험에 들어간다. 성질 급한 사람이 나와 돼지를 달 저울부터 찾는다.

"야아, 마이크 시험중. 아아, 푸푸 마이크 시험중. 니미 이놈의 마이크는 맨날 고장이여. 아아, 나온다 마이크 나와? 그려, 주민 여러분에게 안내 말씀드리겠습니다. (마이크 잡으면 갑자기 표준말이다.) 다름이 아니라 지금 큰 저울을 찾고 있습니다. 큰 저울을 가지고 계신 분은 빨리 회관으로 보내주시기 바랍니다. 아 저울을 썼으면 제자리에다 갖다놔야지 빨리빨리 싸게싸게 갖고 옷씨요잉."

동네에는 큰 저울과 작은 저울이 있었다. 큰 저울은 돼지나 공판보리, 공판나락을 달 때, 작은 저울은 고추나 돼지고기 등을 달 때 쓰였다. 이런 방송이 나가면 벌써 회관 마당엔 기선이 양반, 임종호 씨, 문수씨, 아랫집 큰아버지 등이 서성이셨다. 저울이 나오기까지 저울의 보관과 사용에 대해서 얼마나 갑론을박 시끄러웠던가. 거기서부터 큰소리가 나기도 해서 돼지 잡는 시간이 배나 늦추어질 때도 있었다. 아무튼 큰 저울이 나오면 한수 형님, 이환이 양반, 판조 형님, 백석이 양반 등이 저울을 들고 잡기로 한 돼지가 있는 곳으로 갔다. 가서 보면 돼지 배가 남산만하게 부풀어 있다. 뉘 집 돼지든 잡거나 파는 날에는 배가 터지도록 포식을 시킨다. 그래야 근수가 많이 나가니까. 옛날엔 푸줏간 쥔들이 돼지 잡는 날짜와 시간을 맞추어놓고는 부러 하루나 이틀쯤 지나서 돼지 밥때가 훨씬 넘었을 즈음에 느닷없이 기습작전을 펴는데, 이 최후의 만찬이 지난 시간을 택해야 한두 근 이득을 볼 수 있기 때문이다. 돼지 쥔은 아무것도 안 먹였다고 시침 뚝 떼지만, 죽기 전에 돼지를 포식시킨다는 건 아이들까지 다 아는 일반화된 상식이었다.

아무튼 동네 사람들은 한창 배부른 돼지를 잡아야 한다. 대여섯 명이 돼지막에 둘러서고 누군가가 칡이나 새끼줄을 들고 안으로 들어간다. 그때 돼지막에 들어가는 사람은 꼭 한수 형님이다. 우선 돼지 귀를 꽉 잡고 휙 자빠뜨리면 대개의 돼지들은 벌러덩 넘어진다. 이때 재빨리 달려들어 앞다리와 뒷다리를 꽉 잡아 묶어야 하는데 이완이 양반이나 판조 형님이 꼭 그 일을 한다. 귀를 잡고 휙 넘어뜨릴 때 돼지가 "꽥, 꽤애액" 지르는 괴성은 대단해서 그 소리는 마을에서 불끈 솟아오른 불꽃 같고 느닷없이 터지는 총소리 같았다. 하지만 실은 그보다 훨씬 시적이다.

돼지의 괴성이 동네 앞산에 쩌렁쩌렁 울려퍼지면 그때부터 본격적으로 돼지 잡기 잔치가 벌어진다. 우선 똥을, 아니 물똥을 질질 싸는 돼지를 묶은 앞다리와 뒷다리 사이에 서까래만한 작대기를 꿰어 어깨에 메고 큰 저울로 근수를 단다. 이 일은 꼭 종만이 양반이나 박새완이 한다.

"아, 빨리빨리 달아. 어깨 아파 죽겄구먼."

"아, 가만히 좀 있어, 이 사람아. 눈금이 흔들린당게."

돼지가 꽥꽥거리며 온몸으로 요동치기 때문에 작대기를 멘 어깨가 아프다.

"몇 근이여, 몇 근? 아 빨리빨리 좀 허랑게!"

어떤 때는 끼리끼리 짜고 눈금을 보고 또 보며 늑장을 부리다가 "어매 잊어부렀네. 다시 한번 메어봐" 하기도 한다.

"거 뭣같이 눈에다 동태눈깔 달았는가."

어쨌든 근수를 달고 나면 돼지를 둘러메고 가마솥에 물이 끓는 용택이네나 종만이 양반네로 향한다. 용택이네 집은 한곳에 큰 솥이 두 개 나란히 걸려 있고, 종만이 양반네 집은 대문간에 바로 쇠죽솥이 걸려 있는데다 길가에 있기 때문에 늘 그쪽으로 간다. 동네 사람들은 벌써 와서 어떤 사람은 물을 긷고 어떤 사람은 칼을 간다.

묶인 돼지를 뚤방이나 조금 높은 곳에 모로 뉘어놓고 도끼머리로 돼지를 쳐 죽여야 하는데 이 일을 하는 사람은 꼭 정해져 있다. 그분은 하도 그 일을 많이 해서인지 도가 터서 한 방에 끝내버린다. 뭣이든 한 가지 일을 오래 하다보면 도가 트이게 마련이다. 우물도 한 우물을 파라고 하지 않던가. 이 어른이 없으면 그날 돼지 잡는 일은 약간의 혼란이 생긴다. 왜냐하면 돼지머리를 여러 차례 때리다보면 돼지머리가 거의 박살이 나버리기 때문이다. 아무튼 그분의 도끼 한 방에 돼지는 똥을 싸며 쭉 뻗고 괴성도 그쳐버린다. 동네는 다시 조용해진다.

돼지의 숨이 끊어지기 전에 할 일이 또하나 있다. 가장 중요한 멱따기다. 숨이 깔딱깔딱할 때 단칼에 목을 찔러야 돼지 몸속에 돌고 있는 피를 다 받아낼 수 있다. 동네에서 가장 날카롭고 잘 드는 작은 칼을 쓰는 칼잡이 또한 꼭 정해져 있었다. 만약 이분도 어디 가고 없으면 이날의 순대는 별 볼일 없게 되어버린다. 선지피가 영 형편없기 때문이다. 이분도 어찌나 그 일을 오래 했던지 도가 틔었다.

아, 이제 돼지는 싸늘한 시체가 되어버렸다. 이제 뜨거운 물을 끼얹어 털을 뜯으면 되는 것이다. 뜨거운 물을 퍼다 부으면 사람들은 너나없이 달려들어 털을 뽑는다. 가을철이나 여름철엔 괜찮지만 추운 섣달그믐 때는 힘이 든다. 손은 뜨거운데 다른 곳은 춥기 때문이다. 어쨌든 털이 다 뽑히고 밀려서 몸뚱어리가 하얗게 되면 돼지를 지게에 짊어지고 강가로 간다. 징검다리에 가서 기다리는 사람들보다 돼지는 항상 늦게 도착해서 징검돌 중에서 가장 넓적한데다 뉘어진다. 징검다리나 강가의 돌멩이에 어른 아이들이 앉거나 서 있는 모습은 한 폭의 그림이다. 기다림과 희망의 풍경이기도 하다.

돼지가 뉘어지고 징검다리가 좁아라 사람들이 뺑 둘러싸면 아이들은 신을 벗어부치고 물로 들어가 정신없이 고개를 들이밀다가 꿀밤을 자주 먹는다. 남정네들과 아이들 모두 징검돌에 하나씩 혹은 서너 명씩 서서 돼지 잡는 광경을 흥미롭게 지켜본다. 어른들은 살벌한 칼질을 아이들이 보지 못하게 했다.

돼지를 잡는 날이면 아이들은 온통 돼지오줌보에 정신이 팔렸다. 짚공보다 아주 그럴듯하게 좋은 것이 돼지오줌보에 바람을 넣은 공이기 때문이다. 어떻게든 아버지나 삼촌을 꾀어 오줌보를 따내야 했다. 그 일을 꼭 우리 아버지가 해주시곤 했다. 돼지 배를 따고 내장을 들어낸 다음 아버지는 재빨리 돼지오줌보를 뚝 따서 우리에게 던져주셨다. 우리는 돼지오줌보를 모래밭에다 득득 문질러 달라붙은 기름을 빼내고 바람을 불어넣어 풍선처럼 만들어 강변에서, 논배미에서 축구를 했다.

　돼지 배를 따는 일을 하는 사람도 정해져 있었다. 배가 슬슬 따지면 깨끗한 내장에서 김이 뭉게뭉게 난다. 간, 큰창자, 작은창자…… 이때의 기술이 가장 중요하다. 배를 가를 때 밥통을 잘못 건드리면 똥물이 온 내장에 퍼져 내장을 못 먹게 된다. 내장이 보통 내장인가. 온 동네 사람들이 삶아 나눠 먹는 내장이 아닌가.

　김이 뭉게뭉게 나는 따뜻한 내장에 손을 넣어 간을 꺼내면 사람들의 눈은 빛나고 목울대에선 침 넘어가는 소리가 난다. 피가 별로 묻지 않은 칼을 흐르는 냇물에 씻어 간을 조금씩 잘라 왕소금에 찍어 들고 소주 한잔 마시고는 고개를 쳐들어 다시 생간을 입에 넣어 꿀꺽한다. 나도 한 점, 너도 한 점, 더 달라, 고만 묵어라, 내가 언제 먹었느냐, 거짓말 마라 하며 "지선이 양반 아까 묵었잖여" "은제 내가 묵어?" "너는 나만 그러드라" "내가 언제 그렇뎌" "하따 그만들 둬, 돼지간 식겄네" "니기미 나는 한 점도 못 묵었네" "누가 인자 오래야?" "지미 그놈의 소가 해필 그때 새끼를 낳았대야" "어이 얌쇠 양반 한 점 드셔" "아녀 아녀 자네나 더 묵어" "어매 술 다 떨어졌네, 난 한잔도 안 묵었는디" 이렇게 왁자지껄해진다.

　간이 다 떨어지고 다시 조용해지면 동환이 양반은 작은창자를 가지고 저만큼 떨어진 곳에서 창자를 뒤집어 소금에 빤다. 나는 이분의 그 말 없는 작업에 늘 눈길이 가 머물곤 했다.

동환이 양반이 내장을 뒤집어 깨끗이 빨고 나면 돼지 잡는 일은 거의 끝이 난다. 다리는 다리대로 발목은 발목대로 내장은 내장대로 분리된 것이다. 그러면 사람들도 하나둘 징검다리를 떠나고 징검다리 밑에선 온갖 물고기들이 앞다투어 돼지 부산물들을 먹는다.

이제 고기가 되어버린 돼지를 집에 가져다놓으면 나는 잡기장을 준비한다. 고기 근수를 사가는 대로 적어두어야 하기 때문이다. 용택이네 두 근 반, 한수네 세 근 한 눈, 윤환이네 두 근, 암재 할머니 반 근, 종만이 양반네, 현이네, 큰집, 아롱이 양반네…… 한 근 두 근 지푸라기에 꿰어 아무 데나 달아두고 값을 정한다. 동네 사람에게는 좀 싸게 팔아야 한다. 돼지를 판 쥔에게는 시장 가격대로 주지만 고기를 사먹는 사람들은 시장 가격보다 훨씬 싸게 사먹는다. 돼지를 잡은 사람이 물주가 되는데 장사가 아니니 소주 두어 병 값만 벌면 되므로 고기 값을 정하는 데 별로 큰 문제가 없다. 쌀이 날 때면 쌀로 계산하고 보리때가 되면 보리를 주면 된다. 아침밥 먹기 전 고기 값을 받으러 다니는 한수 형님, 종길이 아재, 판조 형님이 고기장부를 펼치며 "용택이네는 한 근 두 눈이구만" 하는 그 모습을 다시 떠올리니 그냥 눈물이 다 글썽해진다.

고기 값이 정해지고 손해를 봤네 어쨌네, 돈 벌었네 어쨌네 시끄러운 속에 가마솥에선 돼지 내장이 푹푹 삶아지고 김이 무럭무럭 솟아오르고 마당에 덕석이 펴지고 커다란 상에 왕소금과 김치 한 보시기가 놓이면 사람들은 상에 빙 둘러앉는다.

・・・

 이 글을 나는 새벽 네시에 일어나서 쓰기 시작했다. 잠은 한두시쯤 깨었을 것이다. 모기가 물어 일어났다가 잠이 오지 않아 뒤척이다 창문을 보니 훤하게 밝았다. 마루에 나가니 앞산 너머도 환했다. 새벽빛이었다. 물소리가 간간이 들리고 소쩍새가 울고 청개구리가 울었다. 내가 마루에 나가는 소리에 어머니도 깨셨다. 나는 다시 자리에 누웠다. 잠이 오지 않아 오줌을 싸러 앞논에 나갔다. 별들이 보였다. 달이 높이 떠 있었다. 앞산이 까맣게 서 있었다. 밤꽃 내음이 어지럽구나. 방에 들어왔다. '그래 시를 써야 돼. 왜 시인들이 시를 쓰지 않을까. 나는 시를 써야지' 하며 뒤척이다가 벌떡 일어나 쓰다 만 이 글을 쓰기 시작했다.

 동네의 풍경이. 그때 돼지 잡던 왁자한 모습들이 눈에 선하게 떠올랐다. 먼 데서 새가 울었다. 네시 반쯤 되었다. 문을 열었다. 앞산에 안개가 하얗게 내려오고 있었다. 날이 밝아왔다. 나는 늘 이렇게 아침이 오는 것을 본다. 제비들이 울고 물새가 울었다. 사람들의 목소리가 꿈결처럼 들렸다. 개가 짖고 안개가 산을 내려와 강을 덮고 강을 건너와 강변까지 덮고 느티나무까지 덮었다. 안개 속에서 새가 지저귀고 제비들이 날아다닌다. 우리 집 새끼제비는 다 컸다. 뒷산 밤꽃 내음은 내 코끝에 있다.

...

김이 무럭무럭 나는 돼지 내장을 도마 위에 얹어 숭숭 썰어 양푼째 상에 내다놓으면 숟가락 젓가락을 잡기도 전에 맨손이 먼저 나간다. 땀을 뻘뻘 흘리며 곳곳에 서거나 앉아 훌훌 국을 마시는 사람들. 그들에게 고기란 대체 무엇이던가. 배불리 먹은 이들은 지푸라기로 꿴 살코기를 들고 집으로 돌아간다. 내장으로 양이 덜 찬 사람들은 또 고깃국을 끓이리라. 여름철엔 잘 먹어야 본전이 될 돼지고기지만 먹는 것이다. 오랜만에 기름기가 배 속에 들어가 설사야 나건 말건 꺼먼 부엌에 연기를 자욱하게 피워올리며 고깃국을 끓여 마루에서 모기에 뜯기며 먹는다. 오랜만에 목구멍의 때를 벗기는 것이다.

잔치는 끝났다. 그러나 내가 하려는 이야기는 끝나지 않았다. 잔치가 끝났다고 역사가 끝난 것은 아니다.

돼지를 잡아서 고기를 만들고 내장을 삶아먹고 설거지를 마무리할 때까지 시종일관 많은 사람들이 동원되어 한 가지 일이라도 거들게 마련인데, 일이 시작되어 끝이 나기까지 손가락 끝에 물 한 방울 안 묻히고 피만 묻히며(피는 묻힌다, 생간을 집어먹어야 하니까) 말을 가장 많이 하는 이가 한 명 있었다. 돼지우리에서 돼지를 묶을 때부터 고기를 나눌 때까지 참견하며 입으로만 감 놔라 배 놔라, 틀렸다, 그렇게 하면 되간디, 거긴 아니여, 그래 봐라 뼈만 가져간 사람은 손해, 누가 뼈다귀만 가져간다고 허겄냐…… 뒷짐 지고 호주머니에 손 집어넣고 서서 하는 일마다 사사건건 시비를 걸어 일하는 사람의 부아를 돋우고 약을 올리는 이가 한두 명쯤 어느 마을에든 있다. 돼지 잡는 일뿐 아니라 동네 길가에 난 풀을 베거나 동네 앞길 청소할 때, 동네 징검다리 손볼 때, 아무튼 자기 일이 아닌 동네의 공동 부역이 있을 때 반듯하게 서서 빗자루만 들고 왔다리 갔다리 하거나 낫만 쥐고 이리 갔다 저리 갔다 풀 한 주먹 베어 들고 그 풀을 끝까지 들고 다니면서 자기가 가장 동네를 생각하는 것처럼, 자기 아니면 동네가 금방 폭삭 망하기라도 할 것처럼 입으로만 온갖 일을 다 참견하고 걱정하는 이들이 동네마다 있게 마련이다.

그런 이가 진메에도 있다. 아직 생존해 있다. 그이는 돼지우리에서 돼지를 잡아 묶을 때 동네 사람들 뒷전에서 고개를 들이밀고 일하는 사람들을 나무라기 시작했다. 간섭하고 시비 걸고 찍자 붙고 탓하고 무시하고 때로는 업신여기기까지 한다. 돼지 발목을 그렇게 묶는 것이 아니여, 저울추가 그렇게 밑으로 가면 되간디, 헤리고

만 아니 세고만, 물이 안 뜨겁고만, 칼이 안 드는고만, 그러다가 창자 터지겠다, 나도 술 좀 더 달라…… 맛있는 데는 자기가 다 골라 먹고 자기가 다 사가려고 큰소리 지르고 자기가 하는 말이 다 옳고 자기가 아니었으면 돼지가 살아서 도망가기라도 할 것처럼, 자기가 아니면 돼지고기가 닭고기가 될 것처럼, 자기가 아니면 돼지곱창이 싱겁고 짜서 못 먹을 것처럼 시종일관 따라다니며 따지고 큰소리치고 비웃는 사람, 그래서 동네 사람들한테 무시당하고, 핀잔 받고, 욕을 얻어먹는 그런 사람.

그러나 이젠 그이도 할 일이 없어졌다. 동네에서 돼지를 잡을 일이 별로 없고 잡는다 해도 두어 사람뿐이니 끼어들어 잔소리할 데가 없는 것이다. 돼지 잡는 판이 그이 때문에 쌈판이 되고, 칼질을 몇 번씩 멈추고 칼을 던지며 나가던 와자하던 일도 이젠 없어졌다. 어찌 보면 돼지 잡는 일이 없어진 뒤로 동네는, 진메는 끝이 난 것인지도 모른다. 생각을 해보라. 그이의 간섭이 없다면 어찌 돼지 잡는 판이 살아나겠는가.

돼지를 잡는 일은 생명을 죽이는 일이다. 칼날이 번득이고 피가 낭자하고 돼지의 몸이 하나하나 해체되는 그 무시무시한 죽음의 판에 숨죽인 채 난도질된 돼지의 몸을 보고만 있다면 너무나 으스스할 것이다. 그 침묵과 공포의 시간에 죽음을 살려내는 이가 바로 그런 사람이다. 으스스한 죽음의 판을 말로 살려내 살판으로 만들어내는 사람, 그이를 나는 마을의 예술가라고 생각한다. 그것은 죽음을 축제로 승화시키는 타고난 솜씨와 기질이 아니고는 불가능한 일이다. 이제 그이는 늙어서 잘 걷지도 못한다. 논배미에 넋 놓고 앉아 파랗게 자라난 벼 포기들을 보기도 하고 시멘트 다리로 변한 징검다리께를 그저 바라만 보고 있다. 물소리를 들으며 그이는 옛날 돼지 잡는 판이 쌈판으로 번지던 그 왁자한 소리와 벗들의 얼굴을 떠올릴 것이다. 훌륭한 농군이었으며 한 번도 자기 뜻을 굽히지 않은 대단한 오기를 가졌던 그이가 바로 문계선씨다.

죽음도 삶의 한 과정으로 끌어안았던 옛사람들의 삶은 어찌 보면 한도 슬픔도 그 무엇도 아니다. 그냥 자연의 과정이었다. 한 어린 서러움과 분노와 슬픔이 많았던 농군들의 삶, 그리고 그들의 일상이 담긴 초상 마당이나 공동의 일터에는 늘 그 판을 일구고 살려내는 꾼이 있었다. 그 꾼들은 끊임없이 명멸했다. 생명력을 가진 예술가는 이 죽음의 판을 삶으로 돌려놓는 사람들일 것이다.

나는 땀냄새, 사람 냄새가 덕지덕지 붙은 그 판을 좋아했다. 나는 고급스럽고 점잖은 내실의 예술보다 걸판지고 걸쭉하고 덜 세련되고 투박하고 서툴고, 그러면서도 그런 것까지 다 살려 아우르는 민중의 예술을 사랑한다. 나는 심각해지는 것을 극히 싫어한다. 어떤 사실의 이면을 될 수 있으면 무시하고 또 잘 보지 못한다. 나는 그냥 눈에 보이는 것, 마음에 그려지는 그 무엇을 좋아하고 읽으려 한다.

학교에서 집으로 돌아와 쉬다가 이 글을 끝맺는다. 해가 졌다. 산그늘이 서늘하게 온 동네를 덮자, 어느 할머니가 하얀 옷을 입고 뒷짐을 지고 구부정한 모습으로 강물 흐르는 쪽으로 걷는다. 푸른 산을 배경으로 그림같이 걷는다. 단순한 삶과 고요의 절정이다.

박과 바가지

한여름 해가 지고 땅거미가 찾아들 무렵이면 마을은 어슴푸레한 어둠에 휩싸이고 풀잎들은 이슬을 단다. 촉촉한 어둠이 초가지붕을 덮으면 지붕 위 박덩굴에선 박꽃이 하얗게 피어나고 박나비가 찾아온다. 초가지붕과 박꽃, 그리고 덩그렇고 하얀 박덩이는 지금은 농촌을 상징하는 그림으로 무대에 장식된다. 첫서리가 내릴 무렵까지 박과 박꽃과 박덩굴은 초가지붕 위에서 농촌의 서정을 한껏 자아낸다.

첫서리가 내리고 박덩굴이 시들면 어머니는 낭자머리에 바늘을 꽂고 조심조심 초가지붕으로 올라가 박 똥구멍에 바늘을 꽂아보셨다. 바늘이 쑥 들어가면 익지 않은 박이고, 바늘 끝을 받지 않으면 잘 익은 박이다. 잘 익은 박은 타서 커다란 쇠죽솥에 넣고 푹푹 삶는다. 박이 다 익으면 박속을 긁어내 커다란 양푼에 담아 된장만 넣고 비벼서 먹는다. 온 식구가 배가 부르도록 먹는다. 없고 배고프던 시절 박속은 식구들에게 아주 좋은 한 끼 식사였다. 박속은 매우 보드랍고 맛이 있었다. 약간 비릿한 맛이 나기는 했지만 양껏 먹어도 큰 탈이 없었다.

박속을 다 긁어내 먹고 햇볕에 널어 말리면 바가지가 되었다. 바가지는 한 아름이 되는 것에서부터 장 종지만한 것에 이르기까지 크기가 다양해서 집안 살림에 여러모로 긴요하게 쓰였다. 한 아름쯤 되는 큰 박은 곡식을 담아놓는 데 썼다. 곡식을 퍼 담을 때 쓰는 바가지를 '마른바가지'라고 하고 물이나 장을 푸는 데 쓰는 바가지를 '젖은 바가지'라고 했다. 마른바가지는 쌀바가지로 많이 쓰였다. 쌀바가지는 큰 쌀바가지와 작은 쌀바가지가 있는데 작은 쌀바가지는 되로 쓰였다. 되가 없던 시절에 바가지가 됫박 노릇을 했다. 실제로 공인된 동네 되와 곡식의 양이 똑같이 드는 됫박이 집집마다 있었다. 그 됫박(작은 쌀바가지)으로 큰 쌀바가지에다 쌀을 퍼 담아 식구들의 한 끼 양을 조절했다. 그리고 부엌에서 쌀을 씻고 이는 또다른 큰 바가지가 있었다.

바가지 중에서 가장 많이 쓰이는 것은 뭐니뭐니해도 물바가지였다. 물바가지는 중간쯤 되는 크기로 동이에 물을 가득 퍼 담고 바가지를 엎어놓아 물동이를 이고 올 때 물이 넘치는 것을 방지하는 역할을 하기도 했다. 가장 많이 쓰이던 이 물바가지로 숭늉을 퍼 담기도 해서 바가지 중에서는 제일 쉽게 깨지거나 닳곤 했다. 어찌나 많이 쓰였던지 바가지 둘레가 삽날처럼 닳은 바가지도 있었다. 그 밖에 똥을 푸는 똥바가지도 있었다.

집집이 바가지를 예쁘게 만들어 벽에 노랗게 걸어두어 장식을 하기도 했다. 벽에 크고 작은 바가지가 주르르 걸려 있는 집에 가면 풍요로워 보였다. 어머니는 다른 집보다 박농사를 아주 잘 지으셨다. 박농사가 잘되는 집이 따로 있다고들 했다. 해마다 박농사를 짓지만 좀체 박이 익지 않아서 바가지를 만들지 못하는 집도 있었다. 그런 집에 어머니는 꼭 바가지를 몇 개씩 나눠주었다.

박은 씨를 심어서 가꿀 때도 있지만 우연히 난 싹을 키울 때가 더 많았다. 아무렇게나 가꾸어도 우리 집은 박농사가 잘되었다. 그렇지만 바가지는 늘 꿰맨 것을 썼다. 어머니는 꿰맬 수 없을 정도로 여러 조각으로 깨진 것은 몰라도 금이 가거나 조금 깨진 바가지는 송곳으로 뚫어 조각을 꿰매 썼다. 그래야 복 받는다고 하셨다. 절약정신이 몸에 배서일 것이다. 이것은 아끼는 것 이상의 아름다운 삶의 모습이었다. 새 바가지를 걸어두고도 기운 바가지를 쓴다는 것은 어찌 보면 여유로움이다. 금 가고 깨진 바가지를 꿰매는 어머니 등 뒤에는 늘 노랗고 튼튼한 새 바가지들이 걸려 있었다. 환한 그림 같았다. 기운 바가지를 오래 쓰다보면 너덜너덜 실밥이 터졌다. 그러면 또 기워서 썼다. 나중에는 노랗던 바가지가 짙은 밤색으로 변한다. 그것은 살림살이의 이력을 보여주는 어머니의 자랑감이었다.

해 저물면 초가지붕 위에 하얀 박꽃이 피어나고, 그 초가지붕이 옹기종기 모여 있는 마을 고샅길로 물동이를 이고 걷던 어머니와 누님들. 달이라도 뜨면 박꽃은 더욱 하얗게 빛났다. 물동이 위에 엎어진 물바가지에도 달빛이 떨어져 반짝였다. 높은 달과 달빛, 하얀 박꽃과 둥근 박덩이들은 가난한 살림살이의 그 무엇과도 바꿀 수 없는 축복된 자연의 풍경이었다. 어쩌면 자연과 인간이 연출해낸 가장 아름다운 무대였는지도 모른다. 박꽃과 박덩이, 그리고 깁고 기운 쌀바가지, 물바가지가 사라지면서 우리의 생활은 여유를 잃어버렸다. 깁고 기운 바가지가 박살이 나서 사라져버린 뒤로 우리는 소박한 삶의 얼굴을 잃어버렸다.

지충개야 지충개야
나주사탕 지충개야

앞산 산밭에 쌓였던 눈들이 녹아 없어지더니 온 산천에 봄기운이 돈다. 눈이 녹은 닥나무 밑이나 뽕나무 밑은 물기로 인해 촉촉해지는데, 뽕나무나 닥나무 뿌리가 썩은 곳에서는 버섯이 솟아난다. 이 버섯들을 가져다 쌀뜨물을 받아 무를 썰어넣고 국을 끓여 고춧가루를 쳐서 먹으면 얼큰한 게 그렇게 시원할 수가 없다.

뽕나무나 닥나무 버섯철이 가면 냉이를 캔다. 냉이는 봄기운이 돌면 금방 푸른색을 띠는데, 사람들이 그해에 처음 먹는 나물이다. 냉이를 캘 때 달래도 함께 캐는데 줄기가 가늘어서 자세히 보아야 보인다. 달래는 여러 개가 한 군데 오불오불 나 있다. 달래를 캐다가 달래장을 만들어 밥을 비벼먹으면 그렇게 맛있을 수가 없다. 뭐니뭐니해도 달래장은 참기름 치고 돌나물과 함께 비벼먹어야 제맛이 난다.

달래와 냉이가 나오고 강가에 쑥이 나면 산이나 들이나 논밭 두렁엔 온갖 나물들이 돋아난다. 아니, 그때쯤 돋아난 풀들은 모두 나물이고 양식이 되었다. 텃밭에 광대살이, 콩박나물, 좁쌀뱅이, 머슴둘레, 걸럭지나물, 논두렁에 지충개, 논바닥에 자운영, 불미나리, 강변에 싸리나물, 밭가에 원추리, 산에 취나물, 고사리, 딱주, 삽주 뿌리 등 풀이란 풀은 모두 나물이었다. 장과 소금만 있으면 모두 나물 반찬이 되고 된장만 있으면 모두 국이 되었다.

우리 동네는 온통 산으로 둘러싸여 있는데, 남쪽에 있는 산은 눈이 한번 오면 춘삼월이나 되어야 녹았다. 그 산 자갈밭에 눈이 녹기가 바쁘게 나는 나물이 밀레초다. 익모초와 더불어 가장 쓴 나물인데 어찌나 쓴지 어린 우리는 입에도 못 댔다. 봄이 되면 이 쓴 나물을 캐다가 살짝 데쳐서 별 양념도 넣지 않고 무쳐먹었다. 밀레초는 텃밭 언덕에 나는 머우와 함께 사람들의 봄 입맛을 돋우는 데 아주 좋은 약이요 반찬이요 양식이었다.

내가 좋아하는 나물은 불미나리다. 다른 미나리들은 도랑가에 많이 나는데 이 불미나리는 물기가 적은 산중의 논에 많이 나며 다른 미나리와 달리 납딱납딱하게 퍼져 있고 줄기는 자라지 않는다. 불미나리는 즙을 내어 먹으면 약이고, 무쳐먹으면 반찬이다. 아버지간이 나빴을 때 어머니는 8년 동안이나 이 미나리를 캐다가 즙을 내어 드렸다. 내가 몸이 좋지 않을 때도 어머니는 봄날 찬바람 이는 산골짜기를 찾아다니며 이 불미나리를 한 소쿠리씩 캐다가 즙을 내어 먹이셨다.

어머니는 밥을 비빌 때 늘 거섶(상추, 고사리, 취나물, 토란잎 등의 나물들을 어머니는 '거섶'이라고 불렀다)을 밥보다 많이 넣어 비벼 드셨다.

"밥을 비빌 때는 뭐니뭐니혀도 거섶이 많이 들어가야 맛이 나는 것이다."

어떤 때는 밥티는 드문드문하고 보이는 건 온갖 풀(?)뿐일 때도 있었다.

산마다 파릇파릇 새 풀잎이 돋아나면 제일 먼저 솟아나는 게 고사리인데, 초봄부터 진달래꽃이 다 지고 찔레 순이 먹기 좋게 돋을 때까지 있었다. 고사리를 꺾다가 목이 마르면 진달래꽃을 따먹었고, 배가 고프면 찔레나무 밑에 솟은 찔레 순을 꺾어 먹었다. 고사리를 꺾으며 삽주 뿌리나 딱주 뿌리도 보는 족족 캤는데 삽주 뿌리는 남자들에게 좋고, 딱주 뿌리는 닭을 넣어 고아먹으면 산후조리에 좋다고 했다.

이 나라 강산에 새봄이 왔다. 봄빛 아래 서서 땅을 내려다보니 돋아나는 온갖 풀들로 내 몸이 꿈틀꿈틀, 근질근질하다. 새 생명들의 힘찬 기운이 내 몸에까지 전해진 것이다. 저 빛 좋은 봄날에 나물 캐는 처녀들은 다 어디 갔간디 강가에는 봄빛만 저리 헤살짓는고.

  지충개야 지충개야
  나주사탕 지충개야
  매화 같은 울 어머니
  떡잎 같은 나를 두고
  뗏장이불 둘렀던가.

배고픈 봄날 어머니가 나물 캐며 부르시던 서러운 나물 노래다. 아, 풀, 싱싱한 풀잎이 그리운 이 봄날의 허기여.

정든 임 반찬

시골집 뒤꼍에는 빈집이 한 채 있다. 부엌문을 열고 손을 뻗으면 닿는 그 빈집 마당에 어머니는 해마다 채소를 가꾸신다. 올봄에는 작은 방만한 그곳에 하지감자꽃이 하얗게 피어 있더니, 지금은 토란잎이 예쁘게도 자란다. 언제 보면 강냉이 잎이 지는 햇살을 받아 그 그림자를 부엌 바닥에 떨구고, 또 언제 보면 참깨가 자라고, 또 언제 보면 상추가 나박나박 자란다. 빈집 마당에서 호미를 들고 일하시는 어머니의 등을 보면 참 서러울 때도 있다.

어머니는 빈터만 있으면 온갖 채소와 곡식을 잘도 가꾸신다. 우리 집 마당 한쪽 구석에도 온갖 곡식들이 자라고 있다. 심어 가꾸는 꽃보다 어머니가 심어놓은 곡식들이 더 '꽃다울' 때가 있다. 땅콩 몇 포기, 강냉이 몇 포기, 상추, 파, 오이, 호박, 고추, 고구마 몇 포기 등을 그렇게 곱게 가꾸실 수가 없다. 깨꽃이나 땅콩꽃이 피어도 그렇게 예쁠 수가 없고, 마당을 들어서다가 대파꽃이 하얗게 피어 있으면 그렇게 반가울 수가 없다.

내가 시골집에 가면 어머니는 얼른 어딘가로 사라졌다가 집모퉁이를 돌아오시면서, 이건 애호박이다, 또 얼른 어딘가로 갔다가 마당에 들어서시면서 풋고추다, 깻잎이다, 부추다, 호박잎이다 하시며 마치 요술을 부리는 사람처럼 이 구석 저 구석에서 다른 채소들을 한 아름씩 안고 나오신다.

어느 날은 또 얼른 뒤꼍으로 가서 싱싱한 가지를 한 아름 보듬고 나오셨다.

"가지 한 포기면 정든 임 반찬 헌단다."

가지가 그렇게 많이 열린다는 뜻일 테고, 님을 기다리는 애타는 마음을 그렇게 표현했을 것이라고 생각하며 어머니의 그 무심한 말을 오래오래 되뇌었다. 어머니는 그 텃밭에서 온갖 곡식들을 가꾸며 자식들에 대한 이런저런 근심과 걱정 들을 지우고 떠올리셨을 것이고, 이웃들과의 지난 일들을 생각하셨을 것이다.

어머니의 이런저런 걱정과 추억과 근심으로 자란 곡식들이 지금도 시골 빈집 터와 마당에서 자식들처럼, 혹은 이사 간 형제와 이웃들처럼 자라고 있다. 키 큰 강냉이, 잎 넓은 토란, 땅에 붙은 땅콩,

주렁주렁 고추, 허물어진 담에 애호박, 구석진 곳에 오이, 부추, 대파, 완두콩, 상추, 열무, 사이사이 채송화, 맨드라미, 아욱, 그리고 한 포기면 정든 임 반찬 한다는 가지.

감자꽃

권태응

자주 꽃 핀 건
자주 감자
파보나 마나
자주 감자

하얀 꽃 핀 건
하얀 감자
파보나 마나
하얀 감자

저녁밥을 하기 전에 어머니는 텃밭에 가서 얼른 감자를 캐 오라고 하셨다. 감자밭에는 하얀 감자꽃도 있고, 자주 감자꽃도 있었다. 나는 자주 꽃보다 하얀 꽃이 피어 있는 감자를 캤다. 감잣대를 잡고 천천히 뽑으면 감자들이 주렁주렁 딸려 올라왔다. 그리고 감잣대가 뽑힌 자리를 호미로 살살 파면 감자들이 나왔다. 감자를 캘 때면 나는 늘 신기했다. 어쩌면 이렇게 땅속에 감자들이 들까. 아무리 생각해도 신기하기만 하다. 자주 감자는 모양도 우툴두툴하고 길쭉한데 쪄서 먹으면 서슬이 퍼르르한 것이 맛있었다.

감자를 캐서 냇가에 가서 씻어 오면 어머니는 그것을 꽁보리밥 위에 얹어 푹 찌셨다. 밥을 차릴 때 주걱으로 감자를 탁탁 으깨어 밥과 같이 퍼 담으면 밥이 더 하얘지고 밥맛도 부드러웠다.

감자는 여름날 농부들의 새참거리였다. 나는 이따금 어머니들이 밭매는 곳으로 찐 감자를 내가기도 했다. 김이 모락모락 나는 뜨뜻한 감자 소쿠리를 머리에 이고 가면 더운 날이 더 더워졌다. 우리는 꼴을 베면서 감자서리를 해두었다가, 여름밤 동네에서 멀리 떨어진 강변에서 삶아먹기도 했다.

감자를 캐러 텃밭에 들어서면 산그늘 속에 하얗게 피어 있던 감자꽃과 자주색 감자꽃, 감자를 쑥 뽑으면 딸려나오던 하얀 감자, 자주 감자. 생각하면 지금도 입에 침이 고인다.

보리 갈 무렵

 벼를 다 베어 가리를 쳐 논두렁에 쌓고 나면 보리를 갈았다. 보리 갈이는 모내기나 논매기, 밭매기와 다르게 여러 집이 모여 품앗이를 하는 것보다 주로 가족끼리 공휴일에 날을 잡아 했다. 보리갈이에는 많은 사람이 필요 없을뿐더러 큰 힘도 필요하지 않았다.

 소가 앞서서 논이나 밭을 갈면 뒤에서 보리씨를 뿌리고 그 위에 거름과 비료를 뿌리고 나서 괭이나 갈퀴로 씨를 묻으면 되었다. 나이 어린 아이들도 보리를 묻는 일은 다 할 수 있었다. 그저 적당히 보리씨만 보이지 않게 묻으면 되는 일이었다.

 앞산 밭에서 보리씨를 묻다가 쉴 참이면 소는 밭에 있는 닥나무 잎을 따먹었고 아버지는 한쪽에서 담배를 피우셨다. 어머니는 고들

빼기를 캐거나 고춧대를 뽑으셨는데, 어쩌다가 우리 곁에 앉아 쉬실 때는 "하따, 저 건너 당숙네 밭에 저 은행잎 이쁜 거 좀 봐라" 하거나 파란 하늘을 올려다보며 "야야, 저 하늘 좀 봐라" 하셨다. 우리는 감나무에 까치밥으로 남겨놓은 감을 따먹었다. 감나무를 흔들거나 밭에 있는 주먹만한 돌멩이를 던져 감을 맞혀 떨어뜨렸다. 감은 서리를 맞고 나서야 떫은 기가 없어져 가장 맛이 있었다. 반으로 쪼개면 서슬이 파르르한 게 저절로 침이 고였다. 해가 서산을 넘어가면 보리를 다 갈고 강물에 가서 몸들을 씻었다. 사람들은 징검다리에 엎드려서 맑은 강물을 시원스레 마시곤 했다. 다디달던 강물을 소도 쭈욱쭈욱 소리가 나도록 들이켰다.

우리보다 조금 일찍 집에 가신 어머니는 부지런히 저녁 준비를 하셨다. 텃밭에서 금방 뽑은 무로 만든 생채는 참으로 싱싱했다. 방금 한 뜨끈뜨끈한 햅쌀밥에 생채를 넣어 비벼먹으면 참말이지 둘이 먹다 하나가 죽어도 모르게 맛있었다. 밥을 배부르게 먹은 우리는 나락가리가 집채만하게 쌓여 있는 논배미로 나가 달그림자를 밟으며 숨바꼭질을 했다. 마른 옥수수 잎에 부는 바람 소리는 어쩐지 쓸쓸했고, 텃밭에서 자라고 있는 무나 배추 잎들은 무척이나 싱싱하게 달빛 아래 빛났다.

밤이 깊은 줄도 모르고 놀다가 집으로 돌아가면 어머니들은 품앗이로 감을 깎고 있었다. 발 디딜 곳이 없을 정도로 방 안 가득 감을 부어놓고 이야기를 하며 등잔 아래서 감을 깎았다. 홍시가 된 감은 깎을 수 없으므로 한쪽으로 모아두었는데 우리는 그 홍시를 좋아했다. 우리는 감으로 '밤배'를 채우고 잠자리를 차지한 감을 한쪽으로 밀어놓고 아무 곳에나 쓰러져 잠을 잤다. 자다가 깨면 밤이 얼마나 깊었는지 모르지만 그때까지도 어머니들은 두런두런 감을 깎고 있었다. 그 많은 감이 다 깎여진 걸 보면 거의 날이 샐 때가 된 듯했고, 어떤 때는 닭이 울었다.

보리를 갈고 감을 깎을 즈음이면 그 바쁘던 가을일도 다 끝날 때여서 어머니는 곧잘 미꾸라지나 민물새우를 잡으러 가셨다. 미꾸라지는 물이 있는 논 물꼬에 많았다. 물을 품고 흙을 손으로 파 뒤집으면 겨울잠을 자러 땅속 깊이 들어가 있던 미꾸라지들이 깨끗한 몸을 꿈틀거리며 나왔다.

"또 있다. 여그도 있다."

얼른얼른 미꾸라지를 소쿠리에 담으시던 어머니는 참으로 신이 나 보였다.

미꾸라지를 잡아다가 새로 나온 시래기로 추어탕을 끓이면 참으로 맛이 있었다. 큰집 할머니, 큰아버지, 이웃집 당숙, 아랫곁 큰아버지, 지나가던 동네 아저씨들이 방 안 가득 모여 배가 터지게 포식을 했다. 비가 부슬부슬 오는 가을날, 아무런 할 일이 없는 동네 사람들은 마을 가운데에 있는 공동 우물을 품었다. 공동 우물 속에는 굵은 미꾸라지들이 많았다. 물을 다 품으면 물구멍으로 미꾸라지들이 꾸역꾸역 많이도 나왔다. 미꾸라지를 다 잡으면 저절로 샘 청소가 되었다. 우리 동네 공동 샘은 아랫결, 윗결 두 군데 있었는데 두 곳 모두 미꾸라지가 엄청 많았다. 공동 샘의 미꾸라지는 해마다 집집이 돌아가면서 잡았고 그날은 동네 잔칫날이 되었다. 어머니는 또 새우를 잡아다가 파란 애호박을 썰어넣고 지져먹었는데, 빨갛게 익은 새우와 파란 호박이 그렇게 예쁠 수 없었다. 새우는 아무 철에나 잡히지 않고 가을서리가 온 뒤 작은 도랑물에서 잡혔다.

가을일이 한 집 두 집 끝나고 집집마다 지붕들이 노랗게 이어질 때쯤이면 서리가 하얗게 내렸다. 앞산에 단풍 들었던 고운 잎들도 다 지고, 마을 앞강 언덕 느티나무 노란 잎도 다 지면 어느새 산과 산 사이 강물로 눈이 내렸다. 앞산 파란 보릿잎에도 흰 눈이 쌓였다. 앞산에 수북이 쌓였던 눈이 녹고 강물이 꽁꽁 얼었다 녹았다 하며 겨울이 지나면 우리가 갈았던 앞산 보리밭 보리가 제일 먼저 봄을 알렸다. 그 추운 겨울을 지낸 보리가 어느새 파랗게 살아나고 그 푸른빛이 강물에 어른어른 살아나면 영락없이 봄이었다.

보리를 갈며 농부들은 봄을 그렸을 것이다. 늘 강물에 새로 오는 봄을. 내가 단풍잎이 다 지는 늦가을에 시를 쓰며 파란 나뭇잎이 피는 봄을 그리듯이 말이다.

세상의 소리,
아름다운 물소리

　우리 마을 한가운데에는 징검다리가 있었다.

　마을에서 징검다리로 오는 길은 몇 갈래이지만 징검다리에서 마을의 모든 길들은 결국 다 만났다. 징검다리를 딛고 강을 건너면 길은 또 여러 갈래로 산과 밭으로 갈라졌다. 강을 건너러 나온 사람들은 강에서 다 만났다가 강을 건너가서는 각자 일할 곳으로 길을 따라 흩어졌다. 일을 끝내면 또 강가에서 다 만나 함께 징검다리를 건넜다. 사람들은 강가에 지게를 세워두고 강에서 더운 몸을 식히고 마른 목을 축였다.

　마을 가운데쯤 되는 강 언덕에 느티나무가 있는데, 뜨거운 여름날 이 느티나무 아래에서 바라보는 징검다리는 우리 동네 산천과 잘 어울려서 늘 아름다웠다. 달이라도 뜨면 이 징검다리에서 부서진 물결은 달빛에 멀리서 반짝였다. 나는 이 징검다리에 부서지는 달빛을 '죽고 사는 달빛'이라고 내 삶의 한 굽이에 정리한 적이 있다.

달이 훤하게 마을을 밝혀주던 어느 여름밤이었다. 환한 달빛에 잠을 이룰 수 없던 나는 강으로 나가 징검다리를 건너갔다. 징검다리가 시작되는 처음 징검돌은 작은 돌멩이다. 물이 얕기 때문이다. 강 깊은 데로 들어갈수록 징검돌은 점점 커졌다가 건너편 강기슭으로 나갈수록 또 점점 작아진다. 이 징검돌의 크기에 비례해서 강물이 깊어지고 물살이 급해지면 물소리 또한 커졌다가 강가로 나갈수록 작아진다.

나는 그때 처음 이 물소리를 자세히 들었다. 나는 강을 건너갔다가 다시 집으로 돌아와 녹음기를 가지고 징검다리로 갔다. 그리고 내 발소리가 들리지 않도록 천천히, 아주 천천히 조심조심 숨을 죽이며 징검돌을 하나하나 건너갔다. 물소리는 세상의 소리처럼 다양하고 아름다웠다. 세상의 모든 고뇌와 슬픔과 기쁨이 그 물소리 속에 있었다.

숨이 막힐 것 같았다. 돌을 딛고 가다가 산천을 둘러보았다. 달 그늘진 서늘하고 어두운 산속에서는 소쩍새가, 논에서는 개구리들이 울음소리를 냈고 반딧불이들이 강변을 날아다녔다. 달빛을 받은 강변 풀잎들은 이슬에 반짝였고 동네 불빛들은 눈뜬 산의 눈빛처럼 따뜻하게 빛나고 있었다. 강물 위로 나온 바위들도 달빛에 반짝였다.

　강을 건너갔다가 다시 돌아오며 물소리를 녹음했다. 한 군데서 듣는 물소리라도 같은 물소리가 아니었다. 마음이 깨끗하게 씻기는 듯한 물소리를 들으며 나는 강 가운데 징검돌에 오래오래 앉아 있었다. 수많은 생각들이 물소리 속에서 살아나고 살아난 생각들은 물소리를 따라가다 더러 죽고 다시 살아났다. 살아난 생각들은 반짝이며 강을 따라 멀리멀리 흘러갔다.

　징검돌의 크기에 따라 다르게 들리던 그 물소리들이 아름다웠던 그 달밤과 함께 지금도 생생하게 되살아나는 것 같다. 집에 와서 녹음된 물소리를 듣자, 소쩍새 소리, 개구리 울음소리, 내 발소리가 희미하게 들렸다. 내가 처음으로 세상의 소리 속에서 내 발소리를 들었던 때였다.

　섬진강 상류에는 어느 마을에나 마을 앞에 징검다리가 있었다. 징검다리가 있는 곳은 강물이 가장 얕은 곳이고, 큰물이 나갈 때 물살이 급하지 않은 곳이었다. 그래야 물이 많이 불어도 징검돌이 떠내려가지 않기 때문이다. 징검돌은 다른 곳에서 옮겨오기보다 그 자리에 뿌리박혀 있던 돌을 그대로 많이 사용했다.

　비가 너무 많이 와 강물이 동네 앞 느티나무를 넘어 동네 밭까지 불었다가 빠지면, 징검돌 몇 개가 약간씩 떠내려가 있기도 했다. 큰물살에 못 견뎌 비뚤어지기도 했지만 우리 동네 징검돌들이 큰물에

서너 개씩 한꺼번에 떠내려간 적은 한 번도 없었다. 큰물이 며칠씩 나가고 나면 서서히 제자리에 고스란히 드러나던 까만 징검돌들이 나는 참 신기했다.

　겨울철, 징검돌에 얼음이 얼면 강을 건널 수 없으므로 동네 사람들은 징검다리 위로 높은 나무다리를 놓았다. 가을일이 끝나면 모두 모여 나무다리를 놓았는데, 다리가 다 놓이면 우리는 그 다리 위로 훌훌 뛰며 강을 건너다녔다. 시간이 지나면 다리 바닥에 구멍이 뚫리는데, 그 뚫린 구멍으로 보이는 물살은 참으로 어지러웠다. 나무다리 바닥은 잔디로 되어 있어서 한번 구멍이 나면 모래가 강물로 솔솔 잘도 빠져나갔다. 봄이 되어 비가 많이 와 물이 불면 이 섶다리는 큰물에 둥둥 떠내려가버렸다. 동네 사람들은 이 다리가 강물에 둥둥 떠내려가도 하나도 아까워하지 않았다. 그저 그러려니 하며 떠내려가는 다리를 구경만 했다. 또 놓으면 되니까.

　다리를 놓는 날은 오랜만에 온 동네 사람들이 징검다리로 다 모이는 날이기도 했다. 다리를 놓으려면 강물에 있는 돌을 건드려 움직이기 때문에 돌 속에 숨은 고기들을 많이 잡기도 했다. 갑자기 천렵이 시작되었던 것이다. 사람들이 모여 일을 하는 것은 일이 아니라 늘 놀이였다. 동네 사람들은 늘 일을 놀이처럼 즐겁게 했다. 동네 어른들이 물속에서 물을 차며, 목도로 돌을 옮기며 "으엿차으엿차" 하는 소리들은 물소리만큼이나 맑았다.

이 징검다리에 처음 나가 징검다리 사이에 몸을 담그면서 우리 동네 사람들은 비로소 강물과 한몸이 되어 일생을 살게 된다.

활장구 장단에
너울너울

설날 아침이 되면 어른들은 아이들에게 꼭 이런 주의를 주었다.

"오늘 하루는 모두 몸조심, 말조심들 혀야 헌다. 절대 말다툼이나 싸움을 하면 안 되여. 오늘 쌈질을 허거나 다투면 일 년 내내 재수가 없게 되니께, 알았제."

아이들에게 꼬까옷을 입히며 몇 번이고 다짐을 주곤 했다. 그만큼 정월 초하루의 하루 생활을 중요하게 여겼던 것이다.

정월 초하루 차례를 지낸 아이들이 서리가 하얗게 깔린 논배미로 나가 오랜만에 사 입은 새 옷들을 뽐내기 시작하면 뒷산 느티나무에선 꼭 까치들이 울었다. 지금이야 옷이나 양말이나 신을 아무 때나 사지만, 옛날엔 설에 옷 한 벌 추석에 옷 한 벌 사면 그걸로 일 년을 지냈다. 새 옷과 새 신과 새 양말에 얽힌 집안 내력들은 각기 다르지만 추억들은 모두 같을 것이다. 모두 춥고 배고프던 시절이었지만 그래도 명절다운 명절이었고 어버이가 자식들에게 베푸는 사랑과 애정이 뚝뚝 넘치던, 모자라서 안타까워하던 아름다운 시절이었다. 그것은 40대 이상의 사람들만 가지고 있는 가슴 짠한 추억이다. 눈물과 웃음이 함께 번지는 추억, 이제 자라나는 아이들은 그 설레는 추억을 만들지 못한다.

정성껏 장만한 옷과 음식을 자식들에게 입히고 먹이는 부모들은 작년보다 훌쩍 큰 자식들을 보며 대견하고 뿌듯해하며 몸조심 말조심을 다독거렸다. 어머니들은 초사흘이 지나도록 문밖출입을 삼가며 집에서 지냈다. 세배 온 사람들에게 음식상을 차려주거나 장만해둔 음식을 식구들에게 골고루 나누어주었다. 그러다가 초사흘 아침이 되면 간단한 음식으로 사흘제를 지냈다. 초사흘은 사람들에게 매우 중요한 날이어서 보통때도 차례 지내는 집이 많았는데 우리 집안도 꼬박꼬박 차례를 지냈다. 초사흘 제상은 어머니 머리 모양처럼 아주 깔끔하고 정갈했다.

초사흘 차례를 지낸 어머니는 동백기름을 발라 반질거리는 낭자머리를 단정히 빗고 치마저고리를 갈아입으셨다. 그리고 **빳빳하게** 다려둔 앞이 넓적한 무명 앞치마를 두르셨다. 그러고 나서 작은 상에 정성껏 음식을 차린 후 까치동 조각상보로 상을 덮어 큰집으로 가져가셨다. 큰집엔 할머니가 계셨다. 단정히 빗은 머리에 깨끗하고 하얀 무명 앞치마를 두른 어머니들이 음식을 가지고 큰집으로 종종걸음을 치시는 모습은 산뜻해 보였다. 눈이라도 쌓인 설엔 그 모습이 더욱 예뻐 보였다. 하얀 눈길 위에 오랜만에 꺼내 입은 색동 치마저고리와 옷고름은 늘 새로웠다. 그렇게 옷차림을 한 어머니들이 이 고샅 저 고샅에서 종종걸음을 치는 모습은 정월 초사흘에만 볼 수 있는 아름다운 풍경이었다. 가난하지만 어른들을 생각하는 정초의 마음은 그 차림새만큼이나 그 걸음새만큼이나 맑고 고왔다. 그 모습들을 보면 세상이 다 살아났다.

음식은 꼭 친척끼리만 나누는 것은 아니었다. 동네에서 제일 나이가 많은 어른께 음식을 갖다 대접하고 세배를 드린 어머니들은 초사흘 밤부터 이 집 저 집을 돌며 음식을 나누어 먹고 깊은 밤까지 놀았다. 그때 등장하는 것이 활장구였다.

진메 마을에는 장구가 하나밖에 없었다. 징 한 개 꽹과리 두 개, 이렇게 꼭 필요한 풍물만 가지고 있었다. 농기도 영기도 날라리도 대포수가 가져야 할 나무로 만든 총도 없었다. 잡색의 여러 가지 복장도 없었다. 그때그때 상황에 맞게 잡색을 만들었다. 각각 한 조씩밖에 없는 풍물들은 아무 때나 내돌리지 않았다. 더구나 장구는 아주 중요하고 비싼 악기이기 때문에 아무 때나 아무에게나 내주지 않았다. 아무리 정월 노는 때이고 시어머니와 남편으로부터 허가받은 밤놀이지만 장구는 내주지 않았다. 그렇다고 오랜만에 허락받은 날을 마냥 앉아서 이야기만으로 지낼 수는 없었다. 노래도 부르고 춤도 추어야 했다. 남정네들이야 만날 이 판 저 판에서 몸과 마음을 풀었지만 여자들이 맺히고 쌓인 응어리와 피로를 푸는 때는 정월뿐이었던 것이다.

노래하고 춤을 추려면 악기가 필요했다. 그래서 궁여지책으로 만들어낸 것이 활장구였다. 활장구는 말 그대로 활로 만들어 치는 장구다. 활은 대나무나 닥채로 만든다. 활줄은 아무 실이나 되는데 기왕이면 삼으로 꼰 것이 좋다. 팽팽하게 활을 만든 다음 부엌에서 쓰는 바가지 위에 활등을 대고 손가락 힘을 빼고 가벼운 마음으로 활줄을 위아래로 가볍게 퉁기면 금방 당글당글 장구 소리가 나온다. 노래나 춤가락 박자에 맞춰 퉁기면 훌륭한 악기가 되었다. 춤가락 장단을 칠 줄 아는 사람이 활장구를 치면 더욱 좋다. 바가지가 없으면 설 쇠려고 창호지를 깨끗하게 바른 문에 활등을 대고 퉁겨도 덩글덩글 당글당글 훌륭한 소리가 나온다. 아주 간단하면서도 흥겨운 가락이 되어 나오는 활장구 소리에 맞추어 덩실덩실 춤을 추는 어머니들의 그 밝은 얼굴을 나는 여러 번 보았다. 방 안 가득 앉고 선 어머니들의 모습과 윗목 쌀가마니나 선반에 얹힌 호롱불의 너울거림은 크고 부드러운 춤사위를 만들어냈다.

어머니들은 때로 낮에도 누구네 집에 모여 활장구 장단에 맞춰 노래를 부르고 춤을 추며 지냈다. 그러다보면 설음식들은 거의 바닥이 나고, 설과 보름이 후딱 지나 일철이 코앞에 닥쳤다.

먹고 놀자, 정월

정월이 되면 진메 마을은 온통 날마다 축제다. 아니, 섣달그믐이 되기 훨씬 전부터 마을은 축제 분위기에 휩싸인다. 설음식 중에 제일 먼저 조청을 만드는데, 조청은 엿기름으로 만든 단술(식혜)을 고아 만들었다.

영감아 땡감아
울지를 말아라.
인절미 콩떡에
꿀 발라줄게.

여기서 말하는 꿀은 바로 조청이다. 조청은 떡을 찍어먹는 데 소용된다. 특히 쑥떡에 찍어먹으면 맛이 그만이다. 조청을 고은 다음 연사라는 과자와 콩강정을 만든다. 섣달그믐이 가까워지면 흰떡을 만들어 떡국을 끓여먹는다. 설날 하루 전쯤 인절미와 쑥떡을 만들고 섣달그믐 저녁에는 시루떡을 만든다. 나물, 과자, 떡 등 설음식이 다 장만되면 식구들은 모두 목욕을 한다. 청년들과 어른들은 우골 도랑에 있는 한지 만드는 '지소'라는 한지공장에서 닥껍질 삶는 큰 솥에다 물을 데워 때를 벗기고, 아이들이나 아낙네들은 집에서 쇠죽솥에 물을 데워 목욕을 한다. 그런데 처녀들은 언제 목욕을 하는지 우리 집에 처녀가 없던 탓에 지금도 그게 궁금하다.

설 동안 편히 놀기 위해서는 짐승밥을 많이 마련해두어야 한다. 특히 쇠죽감을 많이 썰어두어야 한다. 머슴살이하던 이들은 떡을 쳐주고 쇠죽감, 장작, 땔감 등을 많이 장만해두고 나서야 자기 집으로 간다.

섣달그믐날엔 하지 말아야 할 일이 한 가지 있었다. 산에 가서 나무하는 것이다. 진메 마을에는 "섣달그믐날 나무하는 놈은 내 아들 놈"이라는 말이 있다. 욕 중에서 상욕에 속하는 이 욕은 아마도 섣달그믐에 나무하는 '놈'이야말로 이 세상에서 가장 게으른 '놈'이기 때문에 생긴 것이 아닌가 싶다.

어느 날 우리 동네 사람 하나가 게으름을 피우다가 설을 쇨 나무가 부족하여 앞산으로 나무를 하러 갔더란다. 지게를 받쳐놓고 떡 하고 음식 장만하느라 굴뚝마다 연기가 풍풍 솟는 마을을 바라보며 담배를 한 대 다 태워갈 무렵이었단다. 어디선가 바람결에 사람 소리가 나는 것 같아 귀를 기울여보니 아무 소리도 안 들리고 솔바람 소리와 강 건너 마을에서 떡 치는 소리만 들리는 것이었다. 헛소리를 들었나 싶어 낫을 들고 막 일어서려는데 또 어디선가 무슨 소리가 들리는 것 같아 그쪽으로 고개를 돌렸더니 자기가 앉은 뒤쪽 바위틈으로 그림자 같은 게 얼른 숨는 듯하여, "허 참, 내가 인자 헛것까지 본다냐" 하며 다시 막 일어서려는데 아까보다 더 또렷하게 "섣달그믐날" 어쩌고 하는 소리가 분명히 들리더란다. 옳지, 어떤 놈이 바위 뒤에 숨어서 나를 놀리는구나 하며 일부러 동네를 바라보는 척하고 귀는 맘껏 등 뒤로 열어두었단다. 아니나 다를까 조금 잠잠하게 앉아 있었더니 분명하게 "섣달그믐날 나무하는 놈은 내 아들놈"이라는 말이 들리더란다. 순간 얼른 고개를 돌려 소리 나는 바위틈을 바라보니, 또 아까처럼 무엇이 얼른 숨더란다.

"어떤 싸가지 없는 놈이 어른하고 장난을 한다냐."

화가 난 그이가 작대기를 꽉 움켜쥐고는 이제 한 번만 더 그따위 소리를 해봐라, 이 작대기로 대갈통을 부숴버리겠다며 살금살금 기어가서는 그놈이 고개를 내밀기만을 기다리고 있는데, "섣달그믐" 하는 소리가 들려 후닥닥 작대기를 치켜들었더니 뚝 그치더란다.

바위틈을 아무리 내려다보고 들여다보아도 거기엔 쥐새끼 한 마리 없었다. '내가 헛소리를 듣고 헛것을 봤다냐, 에이 재수 없다' 하며 지게를 짊어지고 다른 곳으로 어슬렁어슬렁 산을 내려가니 뒤에서 또 "섣달그믐날 나무하는 놈은 내 아들놈"이라는 말이 들려오더라는 것이다. 약이 올랐지만 그동안 게으름을 피운 게 쑥스러워 빈 지게만 지고 털레털레 집으로 돌아왔다는 이야기다. 이 이야기가 어디서 나왔는지는 모르겠지만 그만큼 섣달그믐에는 한 해의 모든 일들을 잘 마무리 지어야 한다는 뜻이 아닌가 싶다.

섣달그믐 밤만큼 뜨끈뜨끈하고 설설 끓는 방은 없다. 또 그때만큼 먹을 게 풍성하던 때가 어디 있으랴. 등 따습고 배부른 섣달그믐 밤 잠을 자면 눈썹이 하얘진다는 말이 있어 우리는 쿡쿡 찌르는 졸음을 얼마나 참았던가. 섣달그믐 초저녁이 되면 마을에서 당산제를 지냈다. 돼지머리를 정자나무 상석에 차려놓고 굿을 하며 일 년 동안의 무사에 감사하고 새해 마을의 소망을 빌었다.

그리고 설이 왔다.

설날 새벽이 오면 마을은 고요함에 휩싸인다. 어찌 보면 엄숙하기까지 하다. 오랜만에 양말도 사고 새 옷도 지어 입거나 사 입고 시꺼멓게 낀 때까지 말끔하게 씻어내고 맞이한 신새벽이니 얼마나 깨끗하고 고요하겠는가. 진메 마을에 햇살이 퍼지기 시작하면 때때옷을 입은 아이들이 하나둘 집 밖으로 나온다. 그러면 마을 뒤쪽의 당산나무에서 까치가 크게 울기 시작한다. 까치가 울면 손님이 온다는 말이 있는데, 까치는 마을 사람들의 평소 복장을 기억하고 있어서 새 옷을 입은 사람이 나타나면 낯설어서 운다는 것이다. 설날 아침이나 뉘 집 결혼식이 있는 날 까치들은 유독 큰 소리로 운다. 그래서 설날이 '까치까치 설날'이었다.

　햇살이 쫙 퍼지고 조용한 아침나절이 지나면 동네 사람들은 모두 성묘를 간다. 흰 두루마기를 입은 어른들을 따라 곳곳의 산소를 찾아가는 모습은 신선하고 깨끗해 보인다. 산소에 가서 솔가지를 꺾어놓고 줄줄이 서서 절을 한다. 솔가지가 많이 놓일수록 집안의 세를 과시하는 징표가 된다. 성묘를 끝내고 돌아오면 집안의 제일 높은 어른을 찾아가 세배를 하고 마을에 영호(탈상을 할 때까지 망자의 혼을 모셔두는 곳)가 있으면 거길 찾아가 세배를 드린다. 그러고는 동네 제일 윗집부터 차례차례 세배를 다닌다.

　진메 마을의 세배는 초이튿날부터 주로 행해졌다. 또래끼리 떼를 지어 집집마다 세배를 다녔다. 용조 형, 윤환이, 현철이, 복두, 한 살 아래인 용식이, 금화. 한 살 아래나 위는 모두 또래로 통했다.

　세배는 한수 형님네부터 시작되었다. 세배를 가면 아랫목에 할아버지와 할머니가 새 옷을 입고 앉아 계셨다. 윗목에 주르르 한 줄로 서서 세배를 하면 할아버지가 "너는 몇 살인고?" "한 살씩 더 먹었으니 말도 잘 들어야 헌다" 등의 덕담을 해주셨다. 덕담이 끝나면 바로 광방에서 작은 상에 차린 음식이 나왔다. 떡국, 쑥떡, 흰떡, 조청, 강정, 연사 등이 나오면 우리는 하나도 남김없이 후닥닥 먹어 치웠다. 음식을 다 먹기도 전에 다른 패들이 들이닥치면 우르르 다음 집으로 몰려갔다. 이렇게 시작된 세배 행렬로 동네는 온통 어수선했다. 마당은 세배꾼들로 늘 어지럽고 질척거렸다. 그래서 툴방으로 통하는 곳까지 아예 짚을 깔아두곤 했다. 윗곁 한수 형님네부터 아랫곁 윤환이네까지 서른네 집쯤 된다. 그중에 어르신이 안 계신 집도 있어서 세배를 드릴 데는 열대여섯 집쯤 되었다. 순서대로 세배를 다니다보면 거의 하루해가 걸렸다. 윤환이네까지 가면 이젠 더 먹을 것이 들어가지 않았다. 초등학교 때는 술을 먹지 못하기 때문에 괜찮은 편이었다. 좀 나이가 들면 집집이 모두 농주를 내놓았기 때문에 중간에 취해 곯아떨어져 세배를 망치는 일이 흔했다.

고등학교를 졸업하던 해였다. 나는 여느 해처럼 또래들과 세뱃길에 나섰다. 윗곁 한수 형님네로 시작해 제일 마지막으로 윤환이 아버지께 세배를 드리러 갔다. 윤환이네 집은 산중턱에 있어 비탈이 심했다. 윤환이 아버지는 늘 도포에 갓을 쓰고 다니셔서 동네 사람들이 '갓쟁이 어른'이라고 불렀다. 우리는 윤환이를 놀릴 때 늘 '갓쟁이'라는 말을 함부로 써서 윤환이 속을 긁어놓았다. 일은 별로 하지 않고 늘 엄한 인상을 하고 다니셨다. 윤환이는 이 갓쟁이 어른의 막둥이였다. 우리는 그 어른께 엄숙한 표정으로 세배를 드리고 무릎을 꿇고 앉았다. 윤환이 아버지는 하나하나 얼굴을 마주 보며 한 말씀씩 해주셨고, 드디어 내 차례가 되었다.

"자네는 인자 몇 학년인가?"

"네, 인자 고등핵교를 졸업합니다."

"그려, 글먼 인자 중핵교에 가야것구만."

복둔가 누군가가 킥킥 웃었다. 윤환이 아버지가 엄숙하고 심각한 표정으로 '고등학교를 졸업했으니 중학교를 가야 한다'는 말을 참으로 자연스럽게 하셨기 때문이다. 우리는 모두 고개를 숙이고 곁눈과 곁눈을 마주치며 웃음을 참다가 참지 못해 부산하게 일어나 밖으로 나와 뒤란으로 가서 발을 구르며 실컷 웃었다.

"용택이 너 인자 고등핵교 졸업했응께 중핵교 갈라먼 큰일이다 큰일."

그러고 나서 우리는 큰방으로 가서 윤환이 어머니께 세배를 드리고 술을 마시며 실컷 웃었다.

설 때 윤환이네 집은 늘 술 취한 사람들로 북적거렸다. 큰방 아랫목이나 작은방엔 꼭 술 취한 사람들이 두서넛쯤은 잠들어 있었다. 우리도 세뱃길 마지막인 윤환이네 집에서 '앉은 저녁'까지 때우곤 했다. 윤환이 아버지가 기거하시는 방은 본채와 뚝 떨어져 있어서 맘껏 떠들고 놀아도 괜찮았다.

> 갓쟁이 갓쟁이 허닝게
> 너그 집이 너그 집이 갓쟁이
> 없느냐고 허닝게
> 있다고 있다고 허드라.

갓쟁이 어른이 가까이 있을 때는 몸을 사려야 했다. 이 노래는 그 어른이 얼마나 엄하게 동네 사람들을 대했는지를 짐작케 한다.

...

우리 또래들은 초등학교, 중학교 다닐 때까지는 주로 설 때 군기살이나 때끼총 싸움, 자치기, 짚공 차기 등을 하며 놀았다. 군기살이는 종이를 화투짝만하게 오려서 그 위에 일병 이병 상병 소위 중위 대위 소령 중령 대령 준장 소장 대장 원수 등의 계급을 새겨가지고 양편으로 나누어서 하는 잡기 놀이였다. 상대편, 그러니까 적이 무슨 계급을 가지고 있는지 잘 모르기 때문에 조심스럽고 두렵지만 여러 번 하다보면 대개 짐작이 갔다. 나이가 어릴수록 낮은 계급의 딱지를 갖게 마련이었다. 그러다가 엉뚱하게 당하기도 했다. 쫓고 잡히고 하는 동안 상대편의 딱지를 많이 빼앗은 쪽이 이겼다. 상대방이 무슨 계급을 가지고 있는지 눈치를 채고 내 계급이 높으면 끝까지 쫓았다. 추운 강을 건너고 장산 위로 도망가지만 끝까지 추격해서 잡았다. 천신만고 끝에 잡고 보니 자기보다 한 계급이 높아서 모두들 땅을 치며 웃을 때도 있었다. 아마 전쟁이 끝난 지 얼마 지나지 않은 때라서 그런 놀이가 성행했을 것이다.

때끼총은 대나무로 만든 총인데 요즘 아이들이 가지고 노는 '비비탄'을 넣어서 만든 장난감 총 같은 구실을 했다. 때끼총 싸움이 아니면 강변에서 나무로 만든 총 싸움을 많이 했다. 빵빵, 탕탕 헛총을 놓으면 죽어 떨어지는 놀이도 했다.

제일 많이 하는 놀이는 자치기와 공차기였다. 공차기와 자치기는 명절 때뿐 아니라 겨울철 나무하러 가기 전 사람들을 기다리는 사이에 하기도 하고, 동네 누가 장가들거나 시집가는 날에도 많이 했다. 자치기는 어린아이들부터 청년들까지 하는 놀이였다. 한수 형님, 판석이 형님, 진석이 형님이 가장 웃기는 폼으로 자치기를 했다. 날아가는 새끼자를 "아이갸" 하고 외치며 커다란 손짓으로 헛잡는 폼이 참말로 웃겼던 것이다. 새끼자는 진작 땅에 떨어지거나 엉뚱한 데로 날아갔는데 받은 줄 알고 두 손을 가슴에서 살짝 떼어보거나 뚤레뚤레 찾는 품을 보고서 웃지 않는 사람은 아무도 없었다. 윗겯, 아랫겯으로 편이 짜여 자치기를 하면 온 동네 사람들이 논두렁에 앉아 응원하며 보기도 했다. 참으로 신나는 놀이였다.

공차기도 그렇게 늘 시합이 벌어지곤 했다. 윗겯, 아랫겯. 그러니까 '통시암(샘)거리'인 공동 샘을 중심으로 위아래로 편을 갈랐다. 짚으로 뭉쳐서 새끼로 꼭꼭 얽어맨 아이들 머리통만한 '짚공'으로 공차기를 했다. 고무공이 아직 없을 때였다. 운동장은 공동 샘이 있는 지금의 마을회관 앞 텃논이었다. 아무리 새끼줄로 단단히 얽어매도 한참 차다보면 새끼줄이 풀어지게 마련이었다. 그러면 잠깐 쉬면서 단단히 손을 봤다. 그사이 다른 아이들은 새끼줄로 동여맨 고무신을 다시 손보기도 한다. 운동화가 없어서 공을 차다보면 공보다 신이 멀리 나가는 경우가 허다해 구경꾼들을 웃기곤 하던 시절이었다.

짚공을 차다가 물에라도 빠지면 그야말로 그건 공이 아니라 돌이었다. 그 공을 잘못 찼다가는 발가락이 접질리고 발등이 시큰거리고 나중에는 발이 모두 벌겋게 되었다. 그래도 흙탕물에서건 소나기가 내리건 악을 쓰며 끝장을 보곤 했다. 시합이 끝나면 젖은 짚공은 너덜너덜 아무 데나 뒹굴었다.

공 이야기가 나왔으니 '돼지오줌보공' 이야기도 좀 해야겠다. 돼지오줌보공은 너무 가벼운 게 흠이었지만 탄력이 있어 잘 튀고 맨발로 차도 아프지 않아서 좋았다. 조금만 세게 차도 공은 높이 올라갔다. 대단히 신이 났다. 짚공을 차다 오줌보공을 차는 것은 그야말로 무거운 쌀짐을 지고 가다 쌀을 부리고 빈 지게로 가는 것만큼이나 가뿐한 일이었다. 그렇다고 흠이 없는 것은 아니었다. 아무리 손질을 잘해도 오줌보에 붙은 기름기가 다 가시질 않아 늘 축축하고 찐득거려 지푸라기나 흙이 들러붙었다. 새 신을 신거나 새 옷을 입고 공을 차다가 공에 맞으면 옷이 금방 더러워졌다. 만약 폼 잡고 헤딩을 했다가는 머리통에 온통 흙을 뒤집어써야 했다. 어떻든 돼지 오줌보는 아이들의 옷을 버리고 얼굴에 흙을 묻히면서도 오래오래 공 노릇을 톡톡히 해냈다.

통통 튀는 고무공이 나오기까지는 상당히 많은 세월이 흘러야 했다. 초등학교 5, 6학년 무렵 나온 주먹만한 고무공은 우리에겐 커다란 기쁨으로 다가왔다. 그러나 고무공은 어쩌다 부잣집 아이들이나 하나씩 가질 수 있었는데, 그 공을 가진 놈이 대장 노릇을 했다. 놀이를 하면 그놈이 늘 이길 수 있도록 제 맘대로 편을 짰다. 약이 오르고 패 죽이고 싶어도 꾹 참고 우리는 운동장이 좁아라 통통 튀는 고무공을 찼다. 검정고무신을 벗어 두 손에 불끈 쥐고 맨발로 공을 찼는데 잘못하면 영락없이 돌부리를 차서 엄지발가락 발톱 끝이 깨지기도 했다. 그때 누군들 공 차다가 발가락을 다쳐 피 흘리지 않았으랴. 탁구공보다 조금 큰 그 고무공이 들어가고 송구공보다 조금 작은 공이 나올 때쯤엔 동네별로 돈을 추렴해서 공을 사서 공동 관리했다.

정월 놀이 중 우리가 이따금 즐겼던 것은 가시내들 방에 연기 불어넣기였다. 저녁이 되면 우리는 또래 여자아이들이 노는 방을 알아두었다가 밤이 이슥해지면, 대롱에 솔가리를 가득 넣고 대롱 끝을 송곳으로 뚫어 작은 구멍을 낸 다음 대롱 입구에 잉걸불을 집어넣고 볼따구니가 개구리 배처럼 툭 불거지도록 있는 힘을 다하여 불었다. 그러면 대롱 속에 있는 솔가리에 불이 붙어 대롱 끝으로 연기가 나온다. 가시내들이 놀고 있는 집으로 살며시 가서 작대기로 방문이 안 열리도록 받쳐놓고 문구멍을 여기저기 뚫어 대롱 끝을 문구멍에다 대고 일제히 불면 하얀 연기가 방 안에 가득 퍼진다. 그렇게 연기를 몇 초 동안만 뿜어도 석유 등잔 호롱불 켠 방은 금세 연기로 가득 채워지고 방에선 금방 난리가 난다.

"쿨룩쿨룩, 아이고 매워. 사람 죽네!"

그래도 우리는 문이 안 열리도록 작대기를 잡고 킥킥거리며 즐거워했다. 한참을 그렇게 하다가 울고불고 난리가 나면 얼른 작대기를 치우고 "가자" 하며 튀는 것이었다. 나중에는 배짱이 점점 커지면서 나이가 든 누님들 방에도 그런 짓을 해보았지만, 형들이 노는 방에는 얼씬도 하지 않았다. 만약 그랬다가는 나무하러 가서 실컷 기합을 받거나 얻어터지게 마련이다.

보름이 지나 정월 스무날쯤 되면 어머니가 여기저기 꼬불쳐두었던 쑥떡이나 과자 들도 부스러기만 남게 된다. 정월 음식이 끝이 나면 서서히 노는 기분이 식고, 하나둘씩 나무 지게를 지고 산으로 오르기 시작한다. 그렇게 나무꾼이 하나둘 이 산 저 산에 보이기 시작하면 '먹고 놀자 정월'이 가고 2월 초하루가 돌아온다. 그러면 어머니들은 콩 볶아먹는 날이라고 해서 콩을 볶거나 콩이 없으면 보리나 밀, 강냉이를 볶아먹었다. 볶은 콩을 호주머니에 넣고 학교에 가거나 산에 나무하러 가면서 먹을 즈음이면 어느덧 일철이 코앞에 닥쳐온다. 그러면 사람들은 "이제 일만 남았네" 하며 농기구도 손질하고 앞산 보리밭에 오줌을 퍼 나를 똥장군도 손질하며 한 해의 농사를 걱정하고 설계했다. 놀면서 잘 먹고 힘을 축적했으니, 그 모은 힘을 땅에 쏟아부어 땅과 곡식을 살렸던 것이다.

제2부

물고기도 밤에는 잠을 잔다

물 반 고기 반
앞냇가

뱀장어, 잉어, 흰줄납줄개, 달납줄개, 각시붕어, 납줄갱이, 줄납자루, 칼납자루, 납자루, 납지리, 큰납지리, 가시납지리, 참붕어, 누치, 참마자, 어름치, 중고기, 참중고기, 돌고기, 감돌고기, 쉬리, 줄몰개, 참몰개, 몰개, 긴몰개, 모래무지, 버들매치, 왜매치, 모래주사, 돌마자, 꾸구리, 버들치, 금강모치, 피라미(피라미의 방언—가라, 가라지, 가라재, 가래, 가래지리, 가레, 가리, 까리, 각시피리, 갈가라지, 갈고리, 갈구리, 갈아지, 갈피리, 갈때, 깔피리, 개마지, 개모지, 갯피리, 갱피리, 고추장피리, 꼬치장피리, 꽃가라, 꽃가래, 꽃가루, 꽃가리, 꽃불거지, 꽃피라미, 꽃피리, 과라지, 고라비, 날가라지, 날치, 날피리, 단치, 달치, 대머리, 대치피리, 무지개고리, 물피리, 볼갱이, 볼단지, 부러지, 불가라지, 불가리, 불갱이, 불거리, 불거지, 불걱지, 불구치, 불치, 뿔거지, 붉어지, 비단고기, 비단단치, 비단피라미, 비단피리, 색단치, 세비, 쇠친애, 열피리, 오색피리, 은피리, 장성불거지, 지우리, 지울, 참독피리, 참피리, 치리, 파사리, 피라리, 피람이, 피램이, 피리, 피리미, 피리쟁이, 피리좆대), 갈겨니, 왜몰개, 눈불개, 미꾸리, 미꾸라지, 기름종개, 줄종개, 점줄종개, 참종개, 왕종개, 빙어, 은어, 동자개, 눈동자개, 밀자개, 자가사리, 명태, 통사리, 꺽지, 쏘가리, 동사리(우리 동네에선 멍청이, 불뭉탱이), 밀어(우리 동네에서는 미리), 가물치.

_이상은 · 최기철 박사의 『전북의 자연』 중에서, 괄호 안은 인용자 첨언

이외에 민물에 사는 고기 종류로는 새우 세 종류(모래밭에 사는 투명한 새우, 돌 밑에 사는 큰 새우, 토우)가 있다. 그리고 다슬기, 조개, 꼬막조개가 있으며 아직도 섬진강 하류에 남아 있는 참게, 자라, 남생이, 가재가 있다.

여기에 기록된 고기들 중 강에서 사라진 것도 있지만 아직도 진메 마을 앞강에 살고 있는 것도 있다. 앞서 열거한 고기 중에서 피라미에 대한 방언을 지루하게 기록한 것은, 우리 동네에서도 한 종류의 고기를 여러 가지 이름으로 부르고 있기 때문이다. 위에 열거한 고기들 중에 모양은 같지만 부르는 이름은 다른 게 많다. 메기, 붕

어, 잉어, 은어, 모래무지, 누치 또는 눈치, 가물치 같은 고기는 이름이 한두 가지로 그치지만 대개의 고기들은 수십 가지의 이름을 가지고 있다. 동네마다 다르게 부르기도 하고 한 집에서도 어머니와 아버지가 같은 종류의 고기를 다른 이름으로 부르기도 한다. 그러나 그 발음들은 거의 비슷비슷하고 생긴 모양이나 색깔에 따라 약간씩 다를 뿐이다. 고기의 생김새나 생태적인 습성을 크게 벗어난 엉뚱한 고기 이름은 거의 없다.

우리 동네에서는 섣달그믐 밤이 되면 이상한 일이 은밀하고도 계획적으로 벌어지곤 한다. 은밀하다는 것은 아무도 모르게 혼자 무슨 일을 꾸미는 것이고, 계획적이라는 것은 그 일을 성사시키기 위해서 아무도 모르게 그 일을 진행한다는 뜻이다.

섣달그믐 밤에 잠을 자면 눈썹이 하얗게 된다고 했다. 그믐날 마을에선 돼지머리로 당산제를 지냈다. 그리고 풍물 소리로 한 해를 마무리 짓고 새해 맞을 준비들을 했다. 동네 어른들은 당산제를 지내고 사랑방에 모여 화투를 치며 밤을 지새웠다. 그런데 동네 한쪽 구석의 사랑방엔 아이들이나 청년들이 모여들지 않았다. 아니, 모여서 놀다가도 자정이 넘으면 하나둘 오줌을 싸러 가는 척하며 슬그머니 사라졌다.

농촌에서 살아본 40대 후반 나이의 사람들은 잘 알겠지만, 그때 아이들이 밤에 모여 노는 일이라는 게 성냥골 내기, 섰다나 민화투

치기 아니면 도리짓고땡이었다. 화투 볼 줄만 알면 모두 성냥골 따먹기를 했고, 담배를 피울 나이면 담배 내기를 했다. 어른들의 큰 판이라야 고작 궐련 한 갑씩 내기였다. 성냥골 내기, 도리짓고땡을 오랫동안 하다보면 성냥골에 땀이 묻고 손때가 묻어 성냥불이 켜지지 않는 것이 태반이었다. 지금 생각하면 참 웃기는 노름이었지만 성냥골을 다 잃어버려 이 구석 저 구석에서 성냥골 꽁다리를 찾아 실로 이어가지고 그것을 한 개로 치고 다시 판에 끼어들었다. 이 성냥골 내기는 막판에 다다를수록 김씨, 이씨, 양씨 이렇게 성씨 대결 양상으로 바뀌다가 막판에는 두 성씨 집안끼리의 대결로 이어져서 누군가 싹쓸이를 해야 판이 깨졌다. 성냥골 내기 노름은 정월 한 달 내내 이어지다가 일철이 되어 나무를 하러 산에 가서도 나무를 다 해놓고 따뜻한 묘에서 판이 벌어지기도 해서 어른들의 호된 꾸지람으로 막이 내려졌다. 그때쯤이면 이제 나뭇잎이 피어나서 더이상 나무를 할 수도 없었고 손과 몸에 땀이 나서 더이상 성냥골로 노름을 할 수 없기도 했다.

 이야기가 엉뚱한 곳으로 샜다. 다시 섣달그믐, 그 은밀하고도 계획적인 어떤 일로 이야기를 돌리자. 성냥골 내기를 하던 아이들이 자정이 넘을 무렵 슬그머니 자리를 떠서 집으로 가 하는 일은 팔뚝만한 짚뭉치를 만드는 것이다. 그리고 새벽 첫닭이 울기를 기다린다. 닭이 울 무렵이면 식구들에게만 알리고 살금살금 캄캄한 그믐 밤을 더듬거리며 강변으로 간다. 강가 바위 뒤나 덤불에 몸을 숨기고 있다가 첫닭이 꼬끼오 하고 울면 후다닥 강으로 뛰어가 짚뭉치를 얼른 바위 위에 얹고 큰 돌로 눌러두고 집으로 돌아온다. 첫닭 울음소리를 제일 먼저 들은 사람이 즉시 그 일을 수행하기는 그리 쉽지 않다. 가장 정확한 시간대에 짚뭉치를 놓는 사람이 자기 전용으로 그 장소에 일 년간 쑤기(통발)를 놓을 수 있다. 이 쑤기 자리를 차지하기가 그리 어려운 것은 아니다. 가장 좋은 장소를 차지하기가 어렵지. 진메 마을 앞 강변엔 쑤기 놓을 자리가 곳곳에 널려 있어서 한두 군데를 빼놓고는 그냥 번갈아 쑤기를 놓으면 된다.

강물이 흐르면서 가파르고 험한 물 밑을 만나면 거세고 거칠게 흘러 떨어져 그 아래에 소를 만든다. 사람들은 깊이 패어 호수를 이룬 곳을 '소'라고 하는데, 우리 동네 앞에는 소가 여러 개 있다. 무당밭골 앞 소, 뱃마당, 노딧거리 지나 강 옆구리에 생긴 쏘가리방죽, 그리고 다슬기방죽, 그 아래 평밭 밑 동네 까끔소(비탈진 산을 까끔이라 불렀다) 등이 있다. 그중에서 쑤기 놓기에 가장 좋고 고기를 많이 잡을 수 있는 장소는 동네 사람들이 공동으로 관리하는 동산 바로 아래에 있는 동네 까끔소와 다슬기방죽 바로 위, 그리고 뱃마당 바로 위 벼락바위가 있는 곳이다. 이 세 군데 중 마을과 가장 가깝고 또 자연적으로 쑤기 놓기가 좋은 곳은 벼락바위다. 가장 고기가 많이 드는 곳은 동네 까끔소 위다. 이외에도 여러 군데에 쑤기 자리가 있지만 그리 좋은 목은 아니다. 목이 좋은 이 세 군데의 자리다툼은 치열하다. 섣달그믐에 똑같은 장소에서 똑같은 사람이 부딪치면 서로 양보하고 타협해서 아무도 모르게 결정한다.

이 쑤기 놓는 일은 아무나 하지 못한다. 고기 잡는 데 취미가 남달라야 할 뿐 아니라 여간 부지런하지 않으면 안 된다. 왜냐하면 쑤기를 잘 만들어 자리를 잡고, 쑤기를 놓고, 아침저녁으로 가서 고기를 꺼내오고 하는 번거로운 일에 따로 시간을 내야 하기 때문이다. 모든 사람이 풀을 베어도 자기는 더 빨리 풀을 베어야 하고 모든 사람들이 놀 때도 그 사람은 쑤기를 돌보아야 한다. 남보다 배나 부지런을 떨어야 하기 때문에 아무나 쑤기 놓는 일을 할 수 없는 것이다.

쑤기를 만드는 재료로는 산에서 나는 산죽이 제격이다. 산죽은 물에 오래 잠겨 있어도 빨리 썩지 않는다. 그다음으로는 참싸리다. 산속 소나무 숲 아래 무더기 무더기 자라는 반듯반듯한 싸리빗감을 꺾어다 말려 만든다. 또다른 재료로는 다래나무가 있다. 다래나무는 쑤기 만드는 데 서너 군데쯤 쓰인다. 다래나무는 그 줄기가 유연해서 잘 구부러지기 때문에 소코뚜레로 쓰이는데, 쑤기에 소코뚜레 같은 것이 세 개쯤 쓰인다.

만드는 방법은 삼태기나 바작을 엮는 것처럼 만들어 그것을 둥그렇게 말아 통을 만든다고 생각하면 된다. 쑤기는 겨울 동안 만들어 놓고 싸리나 산죽이 잘 마르도록 한다. 그후 자리를 정한 다음 고기들이 물을 타고 오르는 길목을 막아놓는다. 겨울 동안 깊은 물속이나 바위 속에서 지낸 물고기들이 봄이 되면 풀려나와 물을 타고 오른다. 흘러오는 물을 보며 '팔八' 자로 막고 그 꼭대기 쪽에 쑤기를 담가놓으면 고기들이 물길을 타고 오르다 쑤기 앞 구멍으로 들어가는 것이다. 물고기들은 쑤기에 한번 들어가면 나오지 못한다. 물고기란 놈은 여간해선 뒤돌아서지 않을뿐더러 들어가는 구멍은 커야 반지름이 15센티미터 정도이고 안은 막혀 있는 넓은 통 속이기 때문에 빠져나오지 못한다.

쑤기는 이른 봄철 고기가 깊은 물에서 풀려나올 때 놓는다. 버들가지가 움트면 겨울 동안 먹지 않고 바위 속이나 깊은 물속에 숨어 지내던 고기들이 먹이를 찾아 풀려나온다. 깊은 소나 깊은 바위 속에서 겨울을 지낸 고기들은 봄이 되면 가리를 시작한다. 가리란 짝짓기를 말하는데, 고기 종류에 따라 그 시기가 약간씩 차이가 있으나 버들잎 필 때에 고기들의 활동이 가장 활발해진다. 대체로 봄엔 고기들의 활동이 활발해지고 또 물길을 타고 올라가므로 여러 가지 고기들이 쑤기 속에 들어가게 마련이다. 보리가 익을 무렵이면 유독 꺽지가 많이 들어가고 비가 와서 새 물이 흐르면 메기나 쏘가리 같은 큰 고기가 든다. 은어 철엔 은어가 들기도 하지만 은어는 성질이 급해서 금방 죽어버린다. 쑤기에 드는 고기들은, 그리고 아침까지 살아 있는 것은 대개 비늘이 없는 고기들이다. 피라미나 붕어,

납자루, 버들치 같은 고기들은 쑤기에 들어도 죽어버린다. 또 그런 고기들은 물길을 막은 담을 뛰어넘어가며 그리 멀리 이동을 하지 않아 쑤기에 잘 들지 않는다. 쑤기에 가장 많이 들어오는 고기는 멀리까지 물을 타고 오르는 것들로, 꺽지, 메기, 쏘가리, 자가사리 등이다.

쑤기를 처음 놓는 날은 하루 종일 쑤기 놓는 일을 해야 한다. 팔자 모양의 제일 꼭대기만 내놓고 양옆을 고기가 못 나가도록 막아야 하기 때문이다. 돌을 굴려서 쌓고 구멍을 막고 아주 작은 구멍은 또 풀이나 짚을 가져다가 막아야 한다. 강 한쪽을 거의 다 그 모양으로 막다시피 해야 한다. 느닷없이 큰물이 불어버리면 쑤기도 떠내려가고 고기를 막는 담도 허물어지기 일쑤다.

아무튼 쑤기를 놓은 날 밤은 도무지 잠을 이룰 수가 없다. 무슨 고기가 들까, 몇 마리나 들까, 시집갈 날 받아놓은 큰애기 마음처럼 싱숭생숭 들떠 잠을 잘 수가 없다. 날이 새기가 바쁘게 꼴바작을 짊어지고 달려가 쑤기를 물에서 건져올릴 때의 순간은 참으로 숨이 막힌다. 쑤기를 얼른 들어 세워보면 쑤기 안에서 싱싱한 고기들이 펄떡펄떡 뛴다. 그때는 아무 생각도 안 난다. 대충 쑤기 속을 들여다보다 얼른 넓적한 바위로 가서 쑤기 꼬리를 풀어 바위에 고기들을 풀어놓고 펄펄 뛰는 꺽지나 쏘가리, 메기 들을 주워 꿰미에 끼운다. 꿰미는 버드나무 가지를 사용하는데, '인人' 자같이 생긴 가지를 꺾어 껍질을 벗겨 고기의 아가미를 꿰면 된다. 그 고기를 다 꿰어서 풀을 한 바작 베어가지고 이슬 묻은 풀 위에 고기를 척 얹어 집으로 오는 그 맛. 그날 아침의 풀짐은 무게가 없다. 그러나 고기가 들지 않고 '물만 칠하면' 그렇게 맥이 풀어질 수가 없다. 고기가 한 마리도 들지 않는 것을 사람들은 '물만 칠한다'고 했다. 쑤기를 물에서 들어올릴 때 고기가 들어 있으면 쑤기 속에서 시끄럽고 요란한 물소리가 나는데, 고기가 한 마리도 들지 않는 날은 그냥 물만 칠하며 샌다고 해서 생긴 말이다. 사람들이 쑤기 놓은 아이들을 놀려 먹는 말이기도 하다. "얘, 용택아, 오늘 아침엔 물만 칠혔지?" 하는 것이다.

쑤기는 가을까지 놓지만 봄철이 지나면 시들해진다. 가을이 되어 서리가 내리면 쑤기 자리를 거꾸로 막는다. 여덟팔 자를 거꾸로 세운 것처럼 해서 물이 오는 쪽으로 쑤기의 구멍이 가도록 둔다. 그러면 밤에 게란 놈이 몸을 잔뜩 오므리고 물을 동동 타고 떠내려오다 쑤기 구멍으로 자연스럽게 쏙 들어가는 것이다. 그리하여 늦가을까지 또 게를 잡는다.

가을철 참게를 잡는 것으로 그 임무가 다 끝나는 게 아니다. 쑤기는 겨울철에도 여러 가지로 쓰인다. 긴긴 겨울밤, 사람들은 심심하고 긴 밤을 지새우기 위해 온갖 놀이를 만들어내는데 그중 하나가 쑤기로 참새 잡아 **뼈죽** 끓여먹기다. 알다시피 옛날 초가집 처마 끝에는 참새들이 집을 짓고 살았다. 낮 동안 밖에 나가 놀던 참새들이 저녁 쌀 까불 때 낟알을 주워 먹고 어둑해지면 재재거리며 초가집 처마 끝 집을 찾아들어 밤을 지낸다. 잠자는 참새를 잡아먹는다. 그것도 손으로 잡는 게 아니고 쑤기로 말이다.

쑤기 밑구멍을 풀고 작대기를 쑤기통 속으로 집어넣어 꼬리를 단단히 묶는다. 깊은 밤이 되기를 기다리다 심심해지면 사람들은 쑤기 입구를 지붕 끝 참새 집 구멍에다 대고 흔든다. 그러면 깊은 잠에 빠져 있던 참새가 느닷없는 소란에 잠이 깨어 급히 밖으로 나오다가 쑤기 구멍 속으로 들어가버리는 것이다. 이렇게 참새 집을 몇 개 더 털면 적어도 일고여덟 마리쯤은 거뜬히 잡는다. 이 참새가 든 쑤기를 방으로 가지고 와서 잡아 털을 대충 뜯고 화로에 태워 배를 따서 칼로 종종 다져서 쌀을 조금 넣고 참새죽을 끓인다. 이 세상에서 제일 맛있는 고기가 쇠고기라고 하는데, 참새란 놈이 소 등에 앉아 "네 고기 열 점하고 내 고기 한 점하고 안 바꾼다"고 한단다. 그만큼 참새고기는 고기 중 가장 맛있는 고기다. 사실 참새 한 마리 잡아놓아야 고기가 얼마나 되겠는가. 배고프고 없을 때 잡기가 만만한 게 참새여서 아마 그런 말이 나왔을 것이다. 그러나 작고 작은 참새로 끓인 죽은 둘이 먹다가 하나가 죽어도 모를 정도로 맛이 있어서 출출하고 긴 밤을 지내기에는 참으로 안성맞춤한 놀이요, 요깃감이었다.

쑤기는 또 겨울철 물고기 잡는 일에도 쓰인다. 물고기들은 물이 차가워지면 깊은 곳으로 숨는다. 깊은 소 속이나 물가 큰 바위 속으로 찾아들어가 겨울을 지낸다. 물고기는 겨울철엔 먹이를 먹지 않고 선잠 비슷한 잠을 자며 거의 활동을 하지 않는다. 봄부터 가을까지 고기들은 밤이 되면 얕은 곳으로 나와 잠을 자는데 이상하게도 겨울 고기 중에 피라미 종류의 고기들은 밤이 되면 물가의 큰 바위 자기 집에서 나온다. 그 고기의 밤나들이 생태를 이용해서 사람들은 또 고기를 잡는다.

・・・

가을이 가면서 찬 서리가 내리고 낙엽이 지고 풀들이 노랗게 핏기를 잃어가기 시작하면 사람들의 일은 들에서 산으로 올라간다. 겨울철과 내년 여름까지 땔 나무를 하는 것이다. 진메 마을은 사방이 온통 산으로 둘러싸여 있기 때문에 나무할 곳이 많다. 이 작고 보잘것없는 험한 산들은 언제나 마을 사람들의 삶의 터전으로 그 몸을 다 내준다. 나무가 없으면 나무를, 물이 없으면 물을 모아 흘려주고, 풀이 없으면 풀을 대준다. 가난한 농사꾼들에게 저 산등성이 햇살 좋은 양지쪽은 언제나 포근하다. 나무를 하다가 앉아 쉬며 흘러가며 부서지는 물결을 바라보며 쉬는 나뭇짐 아래 나무꾼의 등짝은 적막하고도 넉넉하고 편안하고 아름답다. 농군만이 가지고 있는 그 듬직한 등을 바라보며 나도 나무를 하고 싶었다.

여기저기 흩어져 나무를 하던 사람들은 나무를 한 짐 다하는 대로 나뭇짐을 짊어지고 산속에서 나와 산 중턱 묘에서 쉬기도 하고 작대깃감도 만들고 토끼 올가미도 놓는다. 아이들에게 씨름을 시키기도 하고 찔벅찔벅 건드려 싸움을 붙이기도 한다. 제일 느린 나무꾼까지 다 모이면 이제 줄줄이 굽이굽이 산길을 내려온다. 나뭇짐을 지고 산길을 내려올 땐 모두 짧은 보폭으로 조심조심 가뿐가뿐 뛰어내려온다. 실낱같이 좁고 굽이가 많은 길을 뛰어내려오는 나무꾼들의 행렬을 보면 물을 건너가는 커다랗고 긴 구렁이의 몸짓 같다. 봄에 진달래꽃을 나뭇짐 위에 꽂고 내려올 때면 더욱 장관이다. 이 산 저 산 이 골짜기 저 골짜기에서 나무를 한 나무꾼들은 우연히 노딧거리에서 모두 만나게 되고, 거기서 모두 한 번씩 또 쉬게 된다. 강 건너 노딧거리에서 쉬지 않고 집까지 가기에는 짐이 너무 무겁기 때문이다. 여기저기서 웃통을 벗고 강물에 땀을 씻고 저고리 옷섶으로 얼굴에 묻은 물기를 닦아내는 나무꾼들의 건강한 몸과 상기된 얼굴은 참으로 살아 뛰는, 생생하게 살아 있는 '생生' 그 자체였다. 간섭도 없고, 빼앗김도 없는 순수하고 온전한 노동은 아름답다. 그 얼굴들은 더없이 평화롭고 평안해 보인다.

이 쉬는 시간 잠깐 사이에도 젊은이들은 지게 위에 꽂아둔 낫을 들고 강가에 있는 커다란 바위나 고기가 많이 숨어 사는 고기 집이 좋은 바위를 찾아간다. 바위 위에 올라가서 바위를 낫머리로 닥닥

닥 긁으면 이상스럽게도 바위 속의 고기들이 줄줄이 새까맣게 나오는 것이다. 지금도 잘 이해가 안 가지만 하여튼 이상한 일이었다. 그러다가 바위 긁기를 멈추면 고기들은 또 슬슬 바위 속 자기들 집으로 들어가버리는 것이다. 고기가 다 들어가면 그때 재빨리 강변의 풀잎을 베어 쑤기를 댈 만한 구멍만 남기고 고기가 나올 수 있는 다른 바위틈이나 구멍은 다 틀어막는다. 그 구멍에 쑤기를 대고 칡넝쿨로 쑤기 꼬리를 매어 바위 위에다 돌을 눌러놓는다. 집에 돌아와 소여물 퍼주고 저녁밥 먹고 앞산머리에 좀성이라는 별자리가 떠오르기를 기다린다. 좀성은 별 대여섯 개가 촘촘히 박혀 있는 별자리인데, 그 별이 앞산머리에 뜨면 쑤기를 놓은 사람들은 얼른 밤길을 더듬어 쑤기를 떼러 간다. 바위 위에 얹어놓은 칡끈을 잡고 쑤기를 잡아당겨 쑥 들어올리면 되었다. 발 시리고 손 시린데 손과 발에 물을 묻힐 필요가 없었던 것이다. 여기서도 고기가 많이 들어 있으면 푸다닥푸다닥 고기들이 쑤기 속에서 뛰는 소리가 들리고, 고기가 두어 마리 들어 있으면 물만 칠하고 만다. 재수가 좋은 날은 쑤기가 그득하게 고기가 들기도 한다. 쑤기 틈으로 스며든 별빛에 반짝이는 고기들의 비늘은 참으로 차고 시리고 싱싱하게 빛났다. 그건 참으로 재미있고 꼬순 일이요, 놀이였다. 겨울 고기를 잡아 무를 조각조각 썰어놓고 매콤하게 고춧가루를 듬뿍 넣어 매운탕을 해놓으면 아주 그만이었다.

어른들은 그렇게 해서 술을 마시기도 하며 겨울밤을 지냈다. 겨울 쑤기를 대는 바위는 한 번만 쑤기를 대고 마는 것이 아니다. 며칠 후에 가서 바위를 득득득 긁으면 또 고기가 들어 있다. 한번 고기가 든 바위 속엔 꼭 고기떼가 집을 찾아들었다. 그 차디찬 달빛, 별빛에 은빛 비늘이 반짝반짝 빛나는 고기들이.

쑤기로 고기를 잡는 데 남다른 소질과 열정을 보인 사람이 있었으니, 용조 형과 윤환이였다. 용조 형은 나보다 한 살 위지만 나와 초등학교 동기 동창이었고 윤환이도 나보다 한 살 위였지만 나와 같은 반 불알 친구였다. 용조 형과 윤환이는 성냥골 내기를 할 때는 끝까지 버티는 끈기와 배짱이 있는 맞수였고, 쑤기를 대거나 다른 농사일을 할 땐 좋은 경쟁자였다. 용조 형은 성질이 불같아서 급히 타고 금방 꺼지지만 윤환이는 김 나지 않고 뜨거운 사람이었다. 하지만 진득이 참다 나중에 우악스럽게 크게 폭발해 사람들을 놀라게 하는 성질이었다. 이 둘은 모든 것이 대조적이었다. 쑤기를 놓아도 윤환이는 물살이 거센, 그래서 쑤기 놓기가 힘든 곳에 놓아 고기를 잡았다. 쑤기도 용조 형 것은 곱고 아담했지만 윤환이 쑤기는 그 통이 대담하게 크고 약간 거칠었다. 용조 형은 아담한 쑤기를 자연적으로 쑤기터가 야무지게 생긴 곳에 놓았다. 아기자기한 쑤기터에는 찬찬하게 고기가 들었다. 윤환이는 거센 물살을 막고 놓아서 몇 마리 들지 않아도 큰 고기가 들었다. 용조 형은 꾀가 많았고 윤환이는 우직했지만 힘 있게 모든 것을 맡았다. 팽이를 깎아도 용조 형 것은 곱고 섬세하며 작았고 윤환이 것은 크고 거칠었다. 썰매를 만들 때도 탈 때도 윤환이는 크게 만들어 험한 곳을 다니기 좋아했다. 두 사람의 나뭇짐을 보아도 용조 형의 나뭇짐은 곱고 야무졌지만 윤환이의 것은 거칠고 컸다.

청년이 되어 용조 형은 일찍 객지로 나돌았고 윤환이는 일찌감치 전형적인 농부 수업을 받았다. 윤환이는 마흔여섯 살까지 농사 솜씨를 그의 논과 밭에서 익히고 다듬었다. 그는 소와 돼지와 짐승들을 억척스럽게 먹였으며, 그의 논두렁과 밭두렁은 언제나 깔끔하게 다듬어져 있었다. 새벽같이 일어나 일을 나가 아침나절 열시가 되어야 집에 돌아왔으며 저녁어둠이 깔리면 들에서 돌아왔다. 쟁기질도 잘했고 모든 동네 공동 일도 말없이 꾀부리지 않고 해냈다. 그의 손끝이 닿는 곳은 어김없이 야무지고 번듯해졌다. 그의 농사 솜씨는 예술이었다.

윤환이야말로 우리 농민의 전통적인 농사 솜씨를 그대로 이어받은 이 시대의 마지막 훌륭한 농사꾼이었다. 그러나 그도 농촌까지 파고드는 그 '경제성'에 못 미치는 농사일을 견디다 못해 1992년에 우리 동네를 뜨고 말았다. 그의 이농은 전통적인 마지막 농민마저 결국 떠났다는 데 그 역사성이 있는 이농이요, 농민정신의 단절이라는 의미에서 너무나 아픈 하나의 사건이 아닐 수 없었다. 그를 끝으로 진정한 의미에서의 이 땅의 전통적인 농사와 농민들의 긴 역사는 종지부를 찍었다고 나는 단언한다. 물론 쑤기터도 묻혀버린 지 20여 년이 넘어 지금은 그 흔적도 찾을 수 없다.

저런 멍청이 같은 놈

 일을 잘 못하거나 엉뚱한 일을 저지르는 사람에게 우리 동네 사람들이 가장 먼저 하는 말은 "저런 멍청이 같은 놈"이다. 조금 더 잘못을 하면 "야, 이 멍텅구리 같은 놈아, 그런 것도 못 혀" 하기도 한다. 더 지독하게 사람을 무시할 때는 "에라, 이 불뭉탱이 같은 놈" 하기도 한다. 멍청이, 멍텅구리, 불뭉탱이가 모두 같은 말이라는 것을 우리는 안다. 그리고 그것이 우리 동네 앞강에 있는 지독하게 멍청한 고기 이름이라는 것도 다 알고 있다.

 불뭉탱이, 멍청이, 멍칭이, 멍텅구리, 불무티, 능글보, 도둑놈 등 별로 유쾌하지 않은 이름을 수도 없이 많이 갖고 있는 이 고기의 정식 이름은 '동사리'다. 우리나라 민물고기들의 이름이 각 지역에 따라, 부르는 사람에 따라 수도 없이 많듯이 동사리도 수십 가지의 다양한 이름으로 불린다. 앞에서도 몇 가지 이름을 들었지만 동사리에게는 그리 유쾌한 이름들이 아니다. '능글보'라는 이름도 있고, '도둑놈'이라는 무시무시한 이름도 있다. 만약 동사리가 이 사실을 안다면 물 밖으로 뛰쳐나와 격렬하게 항의를 할 일이지만, 이 멍청한 고기는 '멍청'해서 사람들이 무슨 말로 자기를 비웃고 있는지 알지 못한다.

도둑놈이라는 불쾌한 이름을 가진 이 멍청이는 흑갈색이다. 강바닥에 있는 바위들은 대개 흑갈색을 띠는데, 강바닥에 있는 자갈색이나 바위 색깔하고 무척이나 비슷해서 다슬기를 잡으려면 물속을 자세히 들여다보아야 보인다. 어느 곳에 있어도 이 멍청이는 사람의 눈에 얼른 띄지 않는다. 사람 눈에 얼른 들키지 않는 대신 이 멍청이는 지독하게 느리다. 여름밤 우리는 횃불을 만들어 강으로 가 밤 내내 잠자고 있는 고기들을 잡곤 했는데, 이 멍청이는 손으로 가만히 잡아도 움직이질 않았다. 손으로 꼭 쥐어 물 밖으로 꺼내도 그때까지 잠을 자고 있는 것이 이 멍청이다. 얼마나 멍청하면 글쎄 멍청이라고 했겠는가 말이다.

우리는 손바닥에서도 자고 있는 이 멍청이를 보고 어처구니가 없어 웃곤 했다. 작은 멍청이는 "에라이, 이 머엉청이" 하며 휙 던져 버렸는데 공중을 날아가면서도 아마 그 '머엉청이'는 쿨쿨 자고 있었는지 모른다. 멍청이가 첨벙 물에 떨어지면 우리는 "저런 멍청한 것" 하며 킥킥 웃었다.

멍청이는 물속 자갈밭에 많이 산다. 머리와 몸통이 오동통한 게 매운탕을 해놓으면 제법 먹음직스럽다. 실제로 이 멍청이의 살은 참 보드랍고 맛있다. 삶아놓으면 속살이 꺽지보다 하얗고 다른 고기에 비해 살도 많은 편이다. 큰 놈은 20센티미터가 다 되는 놈도 있다. 뼈가 약한데다 볼때기 살이 유독 맛있고 옹골져서 멍청이를 매운탕 냄비에서 보면 누구든 이 멍청이 볼때기로 얼른 젓가락이 나간다.

이 멍청이는 최대한 자기 몸을 숨기고 꼭 돌멩이처럼 죽은 듯 있다가, 물새우나 다른 고기를 도둑질하듯 재빠르게 입만 벌려 훅 차 먹는다. 커다란 멍청이가 손가락만한 물새우인 징검살이를 입에 물고 있는 것을 우린 흔히 보았다.

또 이 멍청이를 잡아 배를 따보면 뱃속에 피라미, 쉬리 같은 작은 물고기가 통째로 들어 있는 것을 볼 수 있다. 먹이를 잡아먹을 때 도둑놈처럼 잡아먹어서 도둑놈이나 능글보라는 이름이 붙었고, 밤이 아닌 벌건 대낮에도 손으로 가만히 잡아 꼭 쥘 때까지 자기가 잡힌 줄을 몰라서 멍텅구리라는 이름이 붙은 것이다. 그러나 이 멍청이는 생명력이 참 강해서 같이 잡아놓은 다른 고기들보다 물 밖에서 오래 견딘다. 또한 이 멍청이를 멍청하다고 함부로 잡으면 큰 코,

아니 큰 손가락을 다칠 수도 있다. 어찌나 이빨이 날카롭고 강하고 악착같은지 한번 물면 놓지 않는다. 손가락 끝을 물고 놓지 않아 대롱대롱 매달린 멍청이를 우린 흔하게 보았다. 큰 놈에게 물리면 피가 날 수도 있으니 멍청이라고 무시하지 마라.

  이 멍청이는 오염에도 잘 견디는 모양이다. 우리 동네 앞강에 이 멍청이 수가 급증하고 있는 듯 보인다. 멍청하면 생명력이 끈질긴가. 이 멍청이들은 더러운 물때를 둘러쓰고 가만히 강바닥에 엎드려 있다. 멍청이들이 많은 강을 보고 있으면 겁이 날 때도 있다. 저 멍청한 것들이 강을 지배하면 어쩌지?

작살로 작살내기

 진메 마을에 태어나 어머니 등에 업혀 방에서 나올 때부터 사람들은 산과 물과 가장 친하게 지낸다. 산은 변함없이 그 자리에 가만히 앉아 있어 오랜 세월이 흘러야 비로소 바라보게 되지만, 물은 장소에 따라 흐르는 모양도 다르고 소리도 달라 아이들의 눈길을 끈다. 흐르는 물을 바라보고 있으면 시간 가는 줄 모르고, 흐르는 물소리를 듣고 있어도 시간 가는 줄 모른다. 진메 마을 아이들이 최초로 바라보았던 것은 아마 눈만 뜨면 언제나 자연스럽게 눈에 들어오는 반짝이며 흐르는 물이었을 것이다. 등에 업힌 얼풍아기 때를 지나 앉기 시작하면 어머니들은 아기들을 업고 밭일을 간다. 보리밭을 맬 때도 콩밭을 맬 때도 고추를 딸 때도 아기를 밭가에 포대기를 깔고 뉘어두고, 앉혀두고 일을 했다.

아기를 밭가에 두고 밭고랑을 따라 김을 매면서 어머니는 아기 혼자 노는 것이 못 미더워 자꾸 돌아보고 또 돌아보며 아기와 멀어졌다가, 밭이랑 끝에서 돌아앉아 아기와 가까이 다가갈 때는 마음이 더 조급해져서 자꾸 고개를 들어 아기의 노는 모습을 바라본다. 어머니가 밭을 매며 아기에게서 눈을 떼지 못하는 이 풍경 속의 아기는 나였다. 어머니가 밭을 매고 고추를 따는 동안 아이는 포대기 위에서 들썩거리며 흙장난을 하고 보리 잎을 뜯어먹다가 캑캑거리기도 하고 흙도 집어먹고 날아가는 나비를 잡으려다가 고꾸라지기도 한다. 그러다 지치면 아기는 그냥 쓰러져 잠이 들기도 하고 배가 고프면 크게 울어버린다. 잠을 자든 놀든 어머니는 빠르게 손을 놀리면서도 눈과 마음은 아기에게 가 있게 마련이다. 젖이 팅팅 불면 젖을 문질러 가라앉히고 다시 밭을 매다가 아기가 울면 얼른 달려가 젖을 물린다. 푸른 보리밭가 장다리꽃 옆에 앉아 수건 쓰고 아기에게 젖을 주는 어머니의 모습. 그 모습은 사라진 지 오래되었다. 아지랑이가 아롱거리는 마을에 배꽃이 피고 남정네들은 곳곳에서 논을 갈고 나비는 장다리꽃을 따라 날아다니는 그 긴 봄날은 가버린 지 오래된 것이다.

밭을 맬 때도 그러하지만 빨래를 할 때도 어머니들은 아기를 업고 빨래를 한다. 엄마 등에 업힌 아기는 손과 발로 흐르는 물을 건드리고 바라보며 마음을 빼앗겼을 것이다. 아기가 조금 크면 어머니는 빨래터의 넓적한 바위 위에 앉혀두고 빨래를 한다. 한여름엔 얕은 물에 앉혀두고 빨래를 한다.

그렇게 진메 마을 아이들은 물과 친해진다. 조금 커서 걷기 시작하면 스스로 걸어 강가에 나가기도 하는데 그때부터 '물가에 놓아둔 아기'가 된다. 조금 더 크면 형들을 따라 물가 얕은 곳에서 땅을 짚고 톰벙톰벙 헤엄 연습을 시작하고 조금 더 나이가 들면 손을 땅에서 떼고 허우적거리며 더 깊은 물로 들어간다. 진메 마을 사람들은 초등학교에 들어가기 직전이면 누구나 헤엄을 칠 수 있게 된다. 그렇게 나이를 먹어감에 따라 진메 마을 앞강에 있는 징검다리도 차차 한 번에 두 개, 세 개, 네 개씩 건넜다. 처음에는 기어서 한 개 두 개 건너다가 점점 나이가 들어감에 따라 두서너 개 건너뜈 줄 알게 되는 것이다. 수영도 그렇게 조금씩 깊은 물에 들어가며 거센 물결을 타고 강을 건너기도 하고, 강 건너에서 오이를 따오기도 한다. 여름에서 가을까지 아이들은 물과 함께 지낸다. 언제나 누군가는 앞강 물속에서 놀거나 고기를 잡거나 한다. 헤엄도 얼른 배우는 사람이 있는가 하면 나처럼 더디 배우는 사람이 있다. 용조 형은 물에서는 귀신에 가까웠다. 물에서 놀고 고기 잡는 일이면 용조 형이 단연 제일이었다. 초등학교를 졸업할 나이쯤 되어야 작살을 만들어 잠수하고 고기를 잡게 되는데 용조 형은 초등학교 5, 6학년 때부터 작살을 만들어 들고 물안경 쓰고 물질을 했다. 일찌감치 풀을 베어 망태 가득 담아놓고 용조 형은 물속으로 들어갔다. 작살을 든 채로.

작살질로 잡는 것은 쏘가리, 메기, 큰 꺽지, 자라 등이었다. 어떤 때는 바위틈에 숨은 뱀장어를 귀신같이 잡기도 했다. 나는 늘 꿰미에 꿰어놓은 고기를 들고 용조 형을 따라다녔다. 형은 우리 동네 강물의 시작인 무당밭골 앞 소에서부터 강이 끝나는 살바위 소까지 고기가 들어 있는 바위들을 귀신같이 알고 다녔다. 쏘가리나 메기는 주로 깊은 소나 텅 빈 바위 속에 사는데, 오늘은 이 소에서 잡고 내일은 저 소에서 잡고, 그렇게 하루마다 장소를 옮기다보면 다시 제자리로 돌아온다. 어느 바위 속에서 쏘가리를 잡았다면 다음번에도 그 바위 속엔 틀림없이 쏘가리가 있다. 강 위쪽에서부터 저 아래쪽 바위까지 어디에 가면 어떤 모양의 바위가 있고 그 바위 속에 무슨 고기가 있는지 우리는 눈을 감고도 훤히 알 수 있었다.

작살로 잡기 제일 쉬운 것이 쏘가리였다. 쏘가리는 텅 빈 바위, 그러니까 이쪽에서 저쪽까지 맞창이 나서, 바위 속이 훤한 곳에 주로 살았다. 쏘가리는 몸집이 납작하고 머리통이 커서 머리통을 겨누어 쏘면 되었다. 메기는 납작해서 땅에 딱 붙어 여간 애를 먹이지 않는다. 대신 메기는 잘 도망가지 않기로 유명해서, 애를 먹긴 해도 한번 눈에 띄면 놓치지 않고 잡을 수 있다. 뱀장어도 잡지만 그놈은 좁은 바위틈이나 돌 사이에 끼어 있기 때문에 발견하기가 여간 어렵지 않고, 발견하더라도 몸통이 미끄럽고 작아서 잘 맞지 않아 머리를 쏘아 잡기도 한다. 꺽지는 눈치가 빨라서 잘 잡히지 않았다.

어느 날 용조 형과 내가 커다란 뱀장어를 잡아 느티나무 아래를 지나가는데 동네 어른들이 으깨진 뱀장어 머리통을 보고, "참 고놈들, 어린것들이 작살로 작살을 내버렸고만"이라고 하신 말씀이 동네 사람들의 상용어가 되어, 우리가 작살을 가지고 물에 가면 "또 작살내러 가냐"고들 했다. 용조 형은 커다란 자라를 잡기도 했는데, 자라 등은 워낙 딱딱해서 아무리 날카로운 작살도 등을 잘 뚫지 못했다. 자라를 '작살내기'는 여간 어려운 게 아니었다. 나도 어느 정도 물질에 익숙해져 작살 없이 용조 형과 함께 잠수를 하곤 했는데 자라가 있는 바위 밑은 언제나 구정물이 뽀얗게 일었다. 한참을 들여다보면 빠각빠각 자라가 땅을 파는 소리가 들렸다. 작살을 힘껏 잡아당겨 그 끝으로 구정물이 일고 소리가 나는 곳을 쿡쿡 쑤셔 파면 작살 끝에 자라 몸의 어느 부분이 닿게 되는데 그 감각으로 목 부분이나 다리 부분을 쏘아야 한다. 물속에서 오래 참는 사람이 자라를 잘 잡곤 했는데, 그게 바로 용조 형이었다.

어느 해 여름 백중날이었다. 우리 또래의 아이들이 뱃마당에서 놀며 물장난을 치다가 한 놈이 물속으로 들어가 바위 속을 보았는지 어쨌는지 쏘가리가 있다고 했다. 뱃마당엔 아이들이 늘 많이 놀기 때문에 쏘가리는 잘 보이지 않았는데 그날은 좀 특별했다. 아이들은 너나없이 물질을 하여 물 속에서 번쩍 눈을 뜨고 책상만한 바위 속을 들여다보았다. 쏘가리 특유의 얼룩무늬가 보였다. 아이들이 사방에서 손을 집어넣었다. 나도 쏘가리를 보고 손을 집어넣었다가 숨이 차서 손을 빼려고 했는데, 집어넣을 때는 잘 들어갔던 손이 바위틈에 걸려 빠지지 않았다. 두어 번 시도를 해보았지만 빠지지 않았다. 순간 겁이 덜컥 났다. 손이 안 빠지면 영락없이 죽는다는 생각이 번뜩 든 것이다. 온갖 생각들이 요동을 쳤다. 겁이 난 나는 에라 모르겠다 하고 힘껏 손을 빼냈다. 손이 찢어지고 긁혔는지 아팠지만 간신히 뺄 수 있었다. 후ㅡ. 나는 안도의 숨을 내쉬었다. 아슬아슬했던 순간이 지금도 내 가슴에 생생하게 남아 있다. 겁나던 물속의 그 순간이. 그 생각을 하면 지금도 아슬아슬하다.

  강가에서 태어나 이렇게 물과 함께 자라고 다시 자식을 낳아 물가까이에서 대대로 이어 길렀던 진메 마을 사람들이 사는 방식은 우리를 마지막으로 끝을 보게 되었다. 그 끝이 윤환이었으며, 우리 또래의 자식들은 논에 물에 흙에 산에 익숙해지기도 전에 진메를 떴고 부모들은 아예 일을 시키지 않고 공부를 시켰다. 이제는 물에서 고기들을 작살낼 사람도 없을뿐더러 사람들이 떠나니 그 많던 고기들도 점점 줄어들고 있다. 자라도 쏘가리도 메기도 뱀장어도 어쩌다가 가뭄에 콩 나기 식으로 잡히기도 하지만 옛날처럼 크고 깨끗한 물고기는 앞강에서 사라졌다.

돌려막고 품기

 시골 사람들 앞에서 논리정연하게 이론을 전개할 때 되받아치는 말이 있다. 지독한 독설이 되기도 하고 은근히 가시 박힌 소리도 되고 뼈 있는 농담이 되기도 하고 웃기는 말이 되기도 하는데, "촌놈은 그저 돌려막고 품는 것이 질이여"라는 말이다. 옳은 말이다. 이것저것 요리조리 이론을 전개하고 따지고 계산하다가는 방죽의 고기가 다 도망가버릴 테니 말이다.

 '돌려막고 품는다'는 말은 고기 잡는 방식의 하나로, 흐르는 물을 막아서 다른 데로 돌리고 물이 빠진 곳의 고기를 잡는 것이다. 물은 낮은 데로 흐르며 이 구석 저 구석을 파고들어 귀퉁이를 만들어놓는다. 물이 적을 때는 물 들어오는 어느 한곳만 막아버리면 되고 그

안에 있는 물은 퍼내야 한다. 이런 곳이 진메 마을 앞강에 여러 군데가 있다.

　백중이나 유월 유두, 단오 때나 비가 부슬부슬 내려 날씨는 촉촉한데 할 일이 없는 날, 사람들은 몸이 근질근질하고 배 속에서는 무엇인가 당기게 마련이다. 먹을 것이 많고 많아서 썩어나가는 지금과 달리 먹어도 먹어도 고픈 배가 채워지지 않는 그 시절, 사람들은 한가함을 참지 못했다. 무엇이라도 해서 입을 즐겁게, 배는 부르게 해야 했다.

　백중날이나 칠석날 같은 여름철엔 또래끼리 헌 바가지 몇 개, 수대(대야)나 함박, 그리고 괭이나 삽을 들고 작은 둠벙(웅덩이)을 찾아 나선다. 고기가 있을 만한 둠벙을 막고 물을 품는 것이다. 물 들어오는 곳은 떼를 떠 막고 풀을 베어다 막는다. 웃통을 벗어부치고 여기저기 달려들어 물을 품으면 둠벙 안의 물이 줄어들면서 고기들이 돌 속에서 슬슬 기어나와 물을 따라 점점 한 군데로 모인다. 그때쯤이면 두서너 명만 물을 품고 나머지는 돌 속을 더듬더듬해서 고기를 훔쳐낸다. 이렇게 해서 잡은 고기는 자가사리, 꺽지, 멍청이, 돌고기 등 수없이 많다. 고기를 잡은 사람들은 가져간 냄비에 양념, 양념이라야 고추장과 소금, 그리고 그 근방에서 뽑은 마늘이 있으면 좋고 없으면 호박이라도 따다 넣는다. 그러면 기막힌 매운탕이 된다. 이것이 바로 '돌려막고 품는다'는 말이 나오게 된 내력이다.

천렵을 그렇게 하는 수도 있고 투망이나 독대('고기 뜰망'이라고도 하며, 표준어로는 '반두')나 피라미 낚싯대를 하나씩 만들어 낚은 자리에서 배를 따 고추장에다 찍어 먹고 소주를 한잔씩 마시면 훌륭한 놀이가 되었다.

독대로 고기 잡는 법 또한 재미있다. 독대를 쫙 벌려 큰 바위에 삥 두르고 바위를 지렛대로 들썩이면 바위 속의 고기들이 도망가다가 망에 걸린다. 고기 잡을 도구가 아무것도 없으면 발가벗고 들어가 바위 속에 손을 집어넣어 고기를 손으로 훔쳐 잡으면 되었다. 그렇게 해도 충분히 고기를 잡을 수 있었다. 그만큼 고기가 많았다는 얘기다.

어느 해던가. 우리도 어른들 흉내를 내 작은 도랑물을 돌려막고 품은 적이 있었다. 물을 거의 다 품어내면 고기들이 놀라 바위 속에서 나와 돌아다니면서 구정물을 만드는데, 그 구정물 속의 돌 밑에 손을 넣어 고기를 훔쳐 잡는다. 나도 아이들처럼 돌 속에다 손을 넣고 고기를 잡았다. 강기슭 가까운 뗏장 밑을 더듬는데 땅속으로 웬 큰 구멍이 있었다. 손을 살며시 집어넣었더니 구멍이 깊이도 들어갔다. 쭈그리고 앉아 손을 더 깊이 집어넣는데 손끝에 무엇인가 잡혔다. 감촉이 좀 이상하기는 했지만 손에 잡힌 굵기가 뱀장어 같았다. 엄지와 검지로 동그라미를 만들어 고기를 바짝 죄었다. 약간 꺼끌꺼끌하고 서늘했다. 뭔가 섬뜩한 느낌이 스치고 지나갔지만 무시

한 채 꽉 움켜잡은 그것을 눈 딱 감고 빼내 땅바닥에 내팽개쳤다. 팽개치고 눈을 뚝 떠 그것을 보는 순간 나는 기절할 뻔하며 고함을 지르고 말았다. 아이들이 정신없이 고기를 잡다가, 아니 줍다가 일제히 내 쪽을 보고는 내 놀란 눈길을 따라 시선이 땅에 닿는 순간, 와르르 웃음을 터뜨리며 배꼽을 움켜쥐었다. 땅으로 나와 데굴데굴 구르며 웃는 놈도 있었다. 그것은 뱀장어가 아니라 물뱀이었다. 그 물뱀은 내가 어찌나 세게 내팽개쳤던지 축 늘어져버렸다. 뭔가 찜찜하고 꺼끌꺼끌한 느낌이 이상하더니, 그렇게 돌려막고 품어 고기를 잡을 때는 뱀을 잡을 수도 있다는 사실을 온몸으로 증명한 나는 두고두고 놀림을 당해야 했다.

꺽지야, 꺽지야, 눈이 예쁜 꺽지야

눈이 녹은 봄산으로 나무하러 갔다가 잠깐 쉬며 강을 보고 있으면 커다란 고기들이 느릿느릿 맑은 물속을 헤엄쳐 다니는 것을 많이 볼 수 있다. 하얀 자갈 위를 헤엄쳐다니는 누치나, 때로 몰려다니는 참마자들은 커다란 구름 그림자 같았다.

꺽지는 까만색이어서 먼 곳에서는 잘 보이지 않는다. 물이 급하게 흐르지 않고 돌멩이가 많은 물속에 사는 꺽지는 돌멩이에 납작하게 붙어 지내거나, 속이 텅 빈 돌멩이 속에서 꼬리를 살살 흔들며 산다. 자리를 옮길 때는 몸놀림이 매우 재빠른데, 어찌나 빠른지 눈 깜짝할 사이에 시커먼 무엇이 지나갔다 싶으면 틀림없이 그것은 꺽지였다.

꺽지는 쏘가리와 비슷한 생김새를 하고 있으며, 쏘가리보다 좀 작다. 큰 것이 어른들 손바닥만한데 쏘가리처럼 등에 날카로운 톱날 지느러미가 있지만 쏘가리처럼 억세지는 않다. 꺽지는 비늘이 없는 것처럼 보인다. 포를 뜨기도 하지만 등의 지느러미만 도려내고 회를 쳐 고추장을 찍어 먹는다. 맛이 아주 독특해서 여간 향기로운 게 아니고, 꼬소롬하기가 참기름 맛이다. 꺽지는 입이 아주 크다. 입이 커서 다른 고기를 입에 물고 있는 모습을 흔히 볼 수 있다. 자세히 보면 예쁘지 않은 물고기가 없지만, 꺽지도 자세히 보면 참으로 예쁘다. 특히 잠수를 해서 깊은 물에서 바위 속을 들여다보면 이따금 꺽지를 보게 되는데, 꺽지가 나를 빤히 바라보며 움직이지 않을 때는 너무 예뻐서 작살을 거두기도 한다.

눈가에 가락지 같은 황색 띠를 두르고 파란 눈을 가진 까만 꺽지가 좋아하는 것은 징검살이라는 민물새우다. 비가 부슬부슬 오는 날, 징검살이를 잡아 낚시에 꿰어 꺽지가 많이 있는 강기슭 바위 속으로 밀어넣으면 이 꺽지란 놈이 번개처럼 나와 낚싯바늘에 꿰인 징검살이를 문다. 그 짧은 순간 낚싯대를 얼른 낚아채면 꺽지가 묵직하게 따라 나온다. 한 발 길이의 짧은 낚싯대를 휙휙 돌리면 동네 사람들이 그 모습을 보고 "낚았네!" 하며 고함을 질러준다.

꺽지는 보리가 익을 무렵에 짝짓기를 한다. 보리가 노릇노릇하게 익을 무렵 꺽지도 보리처럼 노란색으로 혼인색을 띠는데, 이때도 참 예쁘다. 이 무렵 쑤기 속에 꺽지가 많이 드는데, 아침에 쑤기를 물에서 건지면 싱싱한 꺽지들이 차르륵차르륵 물을 차는 몸놀림이 참으로 활달하기 그지없다. 이때 꺽지들 배를 따보면 암컷들은 모두 진한 빨간색 알을 품고 있었다. 우리는 알을 날것으로 후루룩 들이마시듯 먹기도 했는데, 약간 비릿하면서도 꼬소롬했다.

    지난 설날 하도 날씨가 푹해서, 우리는 옛 생각을 되살려 커다란 쇠망치와 다래끼를 가지고 강으로 나갔다. 강가에 모닥불을 피워놓고 한 무리는 강물에 몸을 적시고 다른 무리는 강물 밖으로 나온 바위들을 때려 고기를 잡기로 했다(고기가 든 바위를 망치로 힘껏 때리면 바위 속에 든 고기들은 바위의 울림으로 죽어 나온다). 돌 몇 개를 때려보았지만 고기가 나오지 않았다. "옛날엔 아무 돌이나 때려도 바위 속에 있는 고기들이 하얗게 나왔는데" 하며 이 바위 저 바위를 때리며 돌아다녔다. 그런데 어느 돌을 때리자 갑자기 커다란 갈겨니, 돌고기 등이 줄줄이 새까맣게 나왔다. 어, 어, 우리는 정신을 차릴 수가 없었다. 고기가 너무 많아 우리는 그물을 치고 바위를 때렸다. 엄청 많은 고기들이 망에 걸렸다. 아, 그 고기들 중에 꺽지가 있었다. 그물 주위에 뼹 둘러서 있던 우리는 모두 "어, 꺽지다. 꺽지" 하며 놀랐다. 물속이 보이지 않을 만큼 물때가 더러운 우리 동네 강물에 아직까지 꺽지가 살고 있었던 것이다. 참으로 오랜만에 꺽지를 보았다.

꺽지야, 꺽지야, 눈가에 노란 금테를 두른,

눈이 파란 하늘을 닮은 예쁜 꺽지야,

나는 참 반가웠단다.

꺽지 낚기 선수, 성만이 양반

　모내기도 다 끝내고 나서 비가 오면 별로 할 일이 없다. 게으른 사람 놀기 좋고 부지런한 사람 쇠죽감 베기에 안성맞춤인 비가 부슬부슬 내리는 날이면 어김없이 도롱이를 쓰고 강변에 나타나는 어른이 있었으니, 그분이 정성만이었다. 성만이 양반은 오직 일만 잘할 뿐, 동네 사람들과 잘 어울리지 않았다. 위로 홀로 사는 형님을 모시고 살았는데, 형님이 모든 집안 살림을 관장하였고 그분은 주로 일을 했다. 그분의 유일한 취미가 부슬부슬 비 오는 날 꺽저구(꺽지의 진메 말) 낚시질이었다. 밀짚모자에 도롱이를 쓴 채 낚싯대를 들고 냇가에 나타난 성만이 양반이 물가에서 꺽지를 낚는 기술은 우리 동네에서 제일이었다.

꺽지 낚시 방식은 조금 특이하다. 손가락 굵기의 대나무를 한 발 정도의 길이로 잘라서 그 끝에 낚시를 다는데, 낚시가 크고 튼튼해야 했다. 낚싯대 끝에 한두 뼘쯤 줄을 달아 그 끝에 낚시를 다는 것으로, 만들기가 아주 쉬웠다. 비가 부슬부슬 오는 날은 징검살이들이 물속 바위틈에서 슬슬 기어나오는데 그때 그 근방에 있는 꺽지가 눈 깜짝할 사이에 그야말로 번개처럼 낚시에 꿰어 있는 새우를 채간다. 보는 사람은 뭔가 꺼먼 것이 왔다 간 것처럼 느껴질 뿐이지 고기를 확실히 보지 못한다. 그만큼 날쌔다. 그렇게 빠르게 먹이를 채가는 것이다. 눈 깜박할 사이보다 빠르다. 그 재빠른 성질을 이용한 것이 꺽지 낚시다. 이 낚시는 성질이 급한 사람은 하지 못한다. 꺽지 낚시의 미끼로 쓰이는 새우를 잡을 때 하는 소리가 있다.

영감 영감 같이 가세
담배 먹고 같이 가세

이런 소리를 하며 양손을 오목하게 벌려 양쪽에서 징검살이를 슬슬 몰아 한쪽 손 안으로 들어가면 얼른 손을 오므려 잡는다. 그야말로 천천히 몰아야지 조금 급하게 몰면 징검살이는 특유의 순발력을 이용해 두 손 사이로 툭 튀어나가버린다. 아무튼 이 징검살이를 잡아 등에다 낚시를 꽂아 꺽지가 있을 만한 바위 밑에다 담가놓으면 징검살이가 슬슬 기어 큰 바위 속으로 들어간다. 그때 그 짧은 순간 무엇인가 까만 것이 보였다고 느끼는 찰나에 낚싯대를 잡아채야 한다. 참으로 순식간에 꺽지가 낚시에 물려 빙빙 도는 낚싯대에서 어지럼을 타며 기절해버린다. 그 짧은 순간, 손에 진동이 느껴지는 순간 "낚았네!" 하는 소리가 어김없이 들린다. 이 집 저 집에서 방문을 열어놓고 문턱을 베고 누워 꺽지를 낚는 모습을 바라보고 있던 사람들도 따라서 "낚았네!" 소리를 친다. "성만이 꺽저구 낚는 것 좀 봐, 또 한 마리 낚았네" 하며 말이다.

 비는 부슬부슬 내리고 촉촉이 젖은 강변에서 꺽지를 낚던 성만이 양반네는 우리 동네에서 제일 부잣집이었다. 그 집엔 지금도 뒤란 우물 위 앵두나무에 꽃이 해마다 피어나고 그 옆 수수감나무에 감이 붉게 열리지만, 성만이 양반은 이사를 가서 윗고을에 살고 계신다. 이따금 동네 큰일이 있을 땐 지금도 옛날 그 모습으로 꼭 나타나시곤 한다.

메로 두들겨서 고기 잡기

사람들이 제일 처음에 어떻게 고기를 잡았을까 생각하면 재미있다. 처음에 사람들은 손으로 훔쳐 고기를 잡았을 것이다. 두 손으로 재빨리 또는 슬그머니, 그러다가 고기를 회초리나 나무막대로 두들겨 잡았을 것이다. 뽀족한 나뭇가지로 무기를 만들어 깊은 물의 고기를 찔러 잡기도 했을 것이다. 그러던 어느 날 높은 산에서 바위가 굴러와 냇가에 있는 바위 위에 떨어지며 바위를 때리자 그 바위 속에 있던 고기들이 죽어 둥둥 떠오르는 것을 보았을 것이다. "아하, 그래! 돌로 고기 든 돌을 쳐서 고기를 잡아야지" 하며 고기가 들었음직한 물속의 돌을 다른 돌로 때려서 고기를 잡기도 했을 것이다. 그러다가 쇠가 생기고 망치가 만들어지고 나중에는 큰 쇠망치가 생기고 그것이 메가 되었을 것이다. 보통때 메는 길가의 돌을 깨거나 논을 치거나 밭을 만들고 바위를 깨거나 말뚝을 박는 데 사용되지만 그것이 한가하게 놀 때는 고기 잡는 무기로 돌변한다. 여름날 낮에 밥을 먹고 심심하면 우리 동네 태환이 형은 지금도 메를 갖고 냇가로 나가 돌을 때려서 고기를 기절시켜 잡는다. 지금은 고기가 별로 없지만 옛날엔 돌 몇 개만 잘 골라 때리면 금방 한 끼 먹을 반찬을 장만할 수 있었다.

이 메질로 여름날 주로 잡는 고기는 꺽지가 제일 고급이었고, 납자루, 댕미리(돌고기) 등이 그 대상이었다. 재수가 좋으면 돌 하나만 잘 쳐도 여러 종류의 고기가 다 나왔다. 메로 고기 잡기는, 여름철 한가할 때도 했지만 겨울철 얼음이 얼 때 더 많이 잡았다. 앞서 겨울 쑤기 놓을 때도 이야기했듯이 겨울철이면 고기들이 겨울을 지내기 위해 집을 잡아들게 마련인데, 주로 물에 절반이 잠기고 위로 절반쯤 나온 물가의 넓적한 바위 속에 피라미, 왕둥어(갈겨니) 등이 떼로 살았다. 고기들의 생태도 가지가지여서 어떤 고기들은 늘 떼로 몰려다니고, 어떤 고기는 홀로 놀았다. 피라미, 물마자, 갈겨니, 납자루 등은 늘 떼를 지어 몰려다녔다. 돌고기는 몇 마리씩 떼를 지어 놀았다. 꺽지나 쏘가리, 동사리 등은 홀로 놀았다. 추운 겨울 강기슭 얼음이 얼었다 녹았다 하면 구석진 웅덩이의 얼음장 밑으로 고기들이 모여들다가 얼음이 녹으면 그 근방 바위로 들어간다.

날씨가 포근하고 따뜻한 겨울날, 동네 젊은이들 몇이 메를 메고 소쿠리를 들고 강물로 나가 고기가 들었음직한 바위를 메로 텅텅 때리면 산천이 울렸다. 메로 바위를 내려치면 처음엔 아주 작은 고기들이 바위 속에서 쑥 나오며 하얗게 뒤집어진다. 계속 때리다보면 점점 큰 고기들이 한두 마리 나오는데 그것이 이 돌 속엔 고기가 들었다는 증거다. 계속해서 메질을 해대면 고기가 하얗게 죽어 나온다. 손이 시리니까 가지고 간 헌 조리로 고기를 건지면 된다. 여기저기 돌아다니며 많은 힘을 들일 필요도 없다. 바위 한두 개만 잘 골라 쳐대면 세숫대야로 하나쯤은 순식간에 잡게 된다. 많이 잡을 필요도 없다. 다음에 잡을 고기는 남겨두어야 하니까. 겨울 동안 냇가에 있는 바위들치고 한 번쯤 안 두들겨 맞은 바위는 아마 없을 것이다. 고기가 들어 있는지 어떤지 한두 번쯤은 다 두들겨보니까 지금 강가에 가서 바위들을 보면 그때 두들겨 맞아 깨지지 않은 바위가 거의 없다. 진메 마을 강변에 상처 없는 바위가 어디 있으랴.

겨울철에는 얼음 속의 고기를 잡기도 하는데, 이게 제일 재미있다. 느닷없이 강추위가 찾아와 강물을 꽁꽁 얼게 하면, 강물 속이 훤히 들여다보이게 얼음이 언다. 말갛고 투명하게 어는 얼음을 여기 사람들은 '청강'이라고 하는데 얼른 보아서는 얼음이 얼지 않은 것처럼 투명하다. 투명하게 언 얼음을 돌로 치면 '쩡' 하고 금이 가는데, 그 소리에 강산이 다 쩌렁쩌렁 울린다. 한밤중에 짱짱한 얼음이 하얗게 금이 가며 내지르는 소리. 그 소리는 사람들을 정신 차리게 한다. 사람들은 강의 얼음이 금 가는 소리를 두고 강물이 운다고 했다. 그렇게 얼음이 꽝꽝 얼면 얼음 밑에 고기떼들이 까맣게 모여 느릿느릿 움직인다. 겨울철 고기들은 먹이를 제대로 먹지 못하기 때문에 배가 훌쭉하다. 겨울철엔 먹이가 없어서 물고기들은 쫄쫄 굶고 지낸다. 그래서 움직임이 느리다. 아예 움직이지 않고 지내는 고기들도 있다.

  해가 뜨면 물고기들은 물이 얕은 곳으로 몰려나오는데 얼음에 등이 거의 닿고 배는 땅에 거의 닿을 정도로 얕은 곳까지 오면 우리는 강가에서 커다란 돌을 하나씩 머리 높이 쳐들고 있다가 새까만 고기떼를 향해 일제히 내려친다. 얼음이 깨지면서 고기들은 큰 충격으로 배를 하얗게 뒤집고 죽어버린다. 계속 고기떼를 따라가며 그렇게 반복하여 얼음을 바위로 때리면 순식간에 많은 고기들이 하얗게 뒤집혔다. 잡을 만큼 잡았다 싶으면 이제 고기가 죽어 있는 곳의 얼음에 구멍을 뚫고 고기를 건져 얼음 위에 놓는다. 투명한 얼음 조각, 차디찬 얼음 위에 하얗게 팔딱이는 깨끗한 피라미들을 주섬주섬 주워가지고 뱃마당 위에 있는 벼락바위 밑으로 가서 삭정이로 불을 피우고 고기를 구워먹는다. 김이 무럭무럭 나는 고기의 배를 대충 따서 다시 나무막대기에 꿰어 노릇노릇할 때까지 구워먹으면, 찬바람 속에 입김이 하얗게 뿜어졌다.

고기 잡는 약

낚시로 고기를 한 마리씩 낚거나, 쑤기를 놓아 고기를 잡거나, 돌려막고 품어서 잡거나, 메로 두들겨 가만히 있는 고기를 기절시켜 잡거나, 아무튼 이렇게 고기를 한 마리 두 마리 잡는 것보다 좀 더 쉽게 일거에 많은 고기를 잡을 수는 없을까 하다가 생각해낸 방법이 있다. 고기가 먹으면 죽어버리는 약, 바로 산에 많이 있는 잰피나무 껍질을 쓰는 것이다. 잰피나무를 혀끝에 대보면 톡 쏘는 독한 맛이 나다가 나중엔 얼얼해진다. 말리면 색깔이 노래지는데, 말려 가루로 부수면 더욱 노랗다. 어느 날 한 나무꾼이 나무를 하다 우연히 잰피나무 껍질을 입에 대보았더니 너무 독해서, 아, 이 나무로 고기를 한번 잡아보자는 생각을 했을지 모른다. 용조 형이나 윤환이 같은 사람이었는지도 모른다.

　우선 잰피나무 껍질을 벗겨 말린 다음 절구통에 빻아서 가루를 낸다. 삼베 주머니를 만들어 긴 막대기 끝에 달고는 거기다 잰피나무 가루를 넣은 후 주머니 주둥이를 나무 끝에 단단히 잡아맨다. 강물 속에 고기가 들었음직한 큰 바위 속으로 잰피나무 가루 주머니를 쑥 밀어넣은 다음 이리저리 흔들고 잡아뺐다가 집어넣었다가 하다보면 잰피나무 가루와 물이 섞여 약간 놀작지근한 색깔의 물이 나오기 시작한다. 한참 기다리며 놀다 다시 꺼내 조물조물 주물렀다가 다시 바위 속 깊숙이 밀어넣으면 잰피 가루 물이 더 짙게 우러나온다. 한 식경을 그렇게 하다 바위 위에 날름 올라앉아 고기들이 약물을 먹고 얼얼해져서 비실거리며 나오기를 기다리면 된다. 고기들이 잰피나무 약물에 취해 요동을 치기 시작하면 바위 속에서 구정물이 뽀얗게 나오는데 그것은 조금만 기다리면 고기들이 약물에 중독되어 헬렐레 녹초가 되어서 나온다는 신호다. 구정물이 나오는 게 뜸하다 싶으면 이제 고기들이 비실비실 헬렐레 어리둥절해가지고 슬슬 바위 속에서 나오는데 힘이 다 빠진 상태여서 물에서 그냥 건지면 된다. 이 잰피나무로 고기를 가장 많이 잡는 곳은 뱃마당 가의 두루바위인데, 물 위를 떠서 다니는 고기나 작은 고기들은 죽지 않는다. 주로 메기나 자가사리 같은 것을 잡는데 메기가 가장 잘 죽는다. 잰피나무 가루 물을 먹은 고기를 잡아먹으면 약이 된다고 한다. 산속에 어디 약 아닌 풀과 나무가 있겠는가. 잰피나무를 약재로 가져가는 것은 지금도 흔한 일이다. 잰피나무 가루를 먹었어도 잡지 못한 고기는 시간이 지나면 깨어나 아무렇지도 않게 된다.

또 한 가지 고기를 잡는 방법이 있으니 주로 아이들이 작은 고기를 잡을 때 쓰는 방법이다. 냇가 풀이 많은 곳에 자라는 여뀌라는 독한 풀잎을 뽑아 뿌리째 찧어서 고기가 있을 만한 작은 바위 속에 집어넣으면 고기가 죽는다. 하지만 그건 그냥 심심한 아이들의 장난질일 뿐이다. 어쩌다 봉사 문고리 잡기 식으로 큰 고기가 잡힐 때도 있지만 말이다. 큰 기대를 할 수 없는 방법이다.

이런 방법은 참으로 생태적이고 자연친화적이며 아주 인간적(?)인 방법이다. 사람들이 세상을 살아가는 방법 중에서 자연의 순환을 거스르지 않고 사는 방식은 원시적인 방법뿐일 것이다. 원시적인 삶의 방식은 먹고 먹히는 생태계에서 극히 자연스럽고도 서로에게 유익한 생태순환적인 법칙이었다. 원시시대에는 먹이 피라미드의 원칙이 제대로 지켜졌다. 오늘날 우리의 삶처럼 생태순환의 고리를 자르고 차단하는 잔인한 자연 파괴적인 삶도 없을 것이다. 오늘날만큼 인간의 끝없는 욕망이 거침없이 생태계의 순환고리를 끊어버려 그 균형이 깨지는 시대는 없었다. 정력에 좋다는 뱀을 어찌나 극성스럽게 잡아버렸던지 들쥐가 기승을 부리는 바람에 산중 곡식을 제대로 먹을 수 없게 되었다. 그것뿐만이 아니다. 멧돼지, 너구리, 고라니 때문에 곡식농사를 망치는 일이 허다하게 되었다. 한 가지 종이 다른 종보다 더 많으면 생태계에는 혼란이 일어난다. 들쥐와 뱀의 예가 아니더라도 우리의 자연환경은 지금 심각한 위기에 처해 있다.

    잰피나무 껍질로 고기를 잡고, 낚시를 해서 고기를 잡고, 주낙을 놓아서 가물치를 잡는다고 해서 물속 고기가 다 잡힐 리도 없고 그 숫자가 극도로 줄어들지도 않았다. 그것은 자연스러운 자연의 법칙이었을 뿐이다. 그런데 어느 해 여름날이었다. 수십 명의 천렵꾼들이 무당밭골 아래 넓고 넓은 새말 벼락바위에 새까맣게 나타났다. 그들은 여기저기 흩어져 양동이를 하나씩 들고 무엇인가 바위 위에 놓고 찧었다가 양동이에 담가 헹구고 다시 그러기를 여러 번 반복하더니 강물을 가로지르며 양동이 속의 물을 쭉쭉 흩뿌리고 다녔다.

    그러는 중에도 한 떼의 사람들이 그 사람들로부터 멀찌감치 떨어져서 강 아래에 모여 물을 지키고 있었다. 조금 있자 그 강 아래쪽에 있던 사람들 속에서 탄성과 환성이 솟아올랐다. 사람들이 소리를 지르며 옷을 벗어부치고 물속으로 첨벙첨벙 뛰어들더니 무엇인가를 물속에서 건져 땅 위로 휙휙 던졌다. 아, 그것은 고기들이었다. 놀라운 일이었다. 강 위쪽에서 양동이의 물을 흩뿌리던 사람들도 이제는 모두 물속으로 뛰어들어 고기들을 주워 양동이에 담기 시작했다. 강물 속에서 고기들을 주워 강물 밖으로 던지는 것이 신기해

우리는 그곳으로 뛰어갔다.

아, 너무도 놀라운 일이 벌어지고 있었다. 고기들이 물속에서 그냥 빙글빙글 돌면서 아무 곳에나 머리를 처박고 주둥이를 물 위로 내밀며 할딱거리고 크고 작은 피라미, 납자루 할 것 없이 고기란 고기들은 모두 하얗게 죽어 나자빠지고 있었다. 강물은 금세 죽은 고기들로 하얗게 되어버렸다. 우리도 달려들어 고기를 주웠지만 큰 것은 가져가지 못하게 했다. 고기들은 물속에 죽은 듯 누워 있다가 사람의 손이 닿으면 쑥 빠져 도망가기도 했지만 금방 잡히고 말았다. 100미터도 더 넘는 강물의 고기들이 그렇게 떼죽음을 당했다. 우리에겐 무섭고도 신기한 고기잡이였다. 큰 물고기만 대충 주운 사람들은 준비해온 솥단지에다 매운탕을 끓여먹고는 어디론가 가버렸다. 꼭 꿈만 같은 일이 순식간에 벌어졌던 것이다.

우리는 너무 궁금해서 맨 처음 그들이 무엇인가를 찧던 곳으로 가보았다. 바위가 패어 고인 물이 우유같이 뽀얬했다. 근방엔 검은 나무뿌리들이 흩어져 있었다. 우리는 그 검은 나무뿌리 찌꺼기들을 하나씩 주워 모아 콩콩 찧어보았다. 나무뿌리에서 쌀뜨물 같은 뽀얀 물이 나왔다. 그것이었다. 아까 양동이를 가지고 강을 건너며 물 같은 것을 뿌리더니 바로 그 뿌리에서 나온 물이었다. 우리는 그 나무뿌리 찌꺼기들을 한 줌씩 모았다. 그런 다음 다시 고기가 죽어 있는 자리로 가서 고기를 주워 담았다. 큰 고기들은 늦게 죽는지 쏘가리, 메기, 꺽지 같은 큰 것들이 많았다.

　이튿날 우리는 그 뿌리를 가지고 냇가로 갔다. 평소에 고기가 많이 드는 바위로 가서 그 뿌리를 찧고 고무신에다 물을 떠서 찧은 뿌리를 담갔다. 뿌연 물이 고무신 가득 퍼졌다. 그 뿌연 물을 바위 밑에 뿌리고 나서 한참을 기다렸더니 아니나 다를까 바위 속에 있던 고기들이 줄줄이 죽어 나왔다. 아니, 그냥 죽은 듯 힘없는 몸짓으로 기어 나왔다. 우리는 고기를 줍기만 하면 되었다. 실로 쉬운 방법으로 순식간에 그 바위의 고기를 싹쓸이할 수 있었다.

　그 뒤로 우리는 약 풀러 오는 사람들이 강가에 떴다 하면 재빨리 그 사람들이 있는 장소로부터 멀리 떨어진 강물에서 목욕하는 척했다. 약을 풀고 한참 있으면 고기들이 약물을 먹고 흐르는 물을 따라 떠내려왔다. 우리는 큰 고기를 잡아 물속 바위 밑에 숨겨놓기도 하고 돌로 눌러놓기도 하고 얼른얼른 고기를 잡아 강물 밖으로 던져놓았다가 그들이 돌아간 후에 감추어둔 고기들을 찾아서 집으로 가지고 갔다. 또 그 약뿌리 찌꺼기들을 주워 모아두었다가 얕은 물에서 고기를 잡았다.

　세월이 갈수록 섬진강의 물고기들은 점점 줄어들었다. 농약이 나오자 사람들은 강에 농약을 뿌려 고기 씨를 말렸고 더 잔인한 방법들이 개발되었다. 배터리라는 기계가 생기면서 고기들은 더욱 많이 줄어들었다. 엎친 데 덮친 격으로 강물이 여러 가지 원인으로 썩어가고 죽어가면서 고기들은 서서히 줄어들고 멸종되어가고 강에서 쫓겨났다. 다슬기, 꼬막조개, 게, 가재, 민물새우 등이 진메 마을에서 하나하나 사라졌다. 한번 떠나간 것들은 영원히 돌아오지 않을 것이다. 물속에 살던 물방개, 소금쟁이, 고기잡이에 좋은 미끼였던 까만 물벌레들도 사라졌다. 댐을 막아 강물의 수량이 적어졌으니 온갖 풀들이, 나무들이 강을 침식하고 이따금 큰물이 불면 갖가지 쓰레기 더미들이 강변 여기저기 밀려와 쌓였다. 강변의 나뭇가지엔 헌 비닐 조각들이 걸려 참담한 깃발로 나부낀다. 심지어 어떤 몰지각한 인간들은 차로 쓰레기를 실어다 강변에 쏟아놓고 간다. 강물에 고기들이 떼로 죽어 있는 것을 보면 인간만큼 잔인한 동물도 없음을 실감할 때가 많다. 겨울철에 산 깊은 도랑에서 개구리를 잡아가는 것을 보면 치가 떨릴 때가 있다. 인간인 내가 인간들에게 치가 떨리다니.

　진메 마을 사람들이 봄 여름 가을 겨울 철철이 고기를 잡는 방법은 무궁무진했다. 그렇게 계절마다 고기 잡는 방법이 다른 것은 물고기의 생태를 정확하게 파악하고 있었기 때문이다. 농부들은 우리가 사는 자연 생태를 섬세하게 몸과 마음으로 이해했다. 농사는 위대한 과학이었다. 말하자면 세상을 종합적으로 정리하고 해석할 줄 알았던 것이다. 농부는 철학자였으며 위대한 시인이었던 것이다.

여름 보약 은어 잡기

 뜨거운 여름 한낮, 그러니까 여름방학이 시작될 때쯤이면 섬진강 은어들이 우리 마을까지 올라오는데 하동이나 구례, 곡성, 순창, 적성의 은어에 비해 우리 동네 은어는 크다. 우리 동네까지 올라오는 동안 은어가 다 자란 것이다.
 은어들은 떼를 지어 물을 타고 오르거나 소에서 논다. 은어가 노는 모습을 먼 데서 보면 꼭 여물솥에 맹물을 붓고 불을 땔 때 보글보글 끓어오르는 것 같은 모양으로 물결을 일으키며 논다. 은어는 성질이 매우 급한 고기다. 물고기 중에서 가장 귀티가 나는 이 은어는 성질이 얼마나 급하던지 잡았다 하면 바로 죽어버린다. 또 고기 잡는 약물을 뿌리면 조금만 먹어도 물을 따라 쏜살같이 냅다 달려 내려온다. 물 위로 뜨다시피 해서 쏜살같이 내려오는 은어를 잡기란 그리 쉬운 일이 아니다. 나끈나끈한 회초리를 들고 물 가운데에 서 있다가 은어가 쏜살같이 내려오면 회초리로 은어 등을 재빨리 후려친다. 은어를 향해 한 번씩만 잽싸게 회초리를 내려치면 은어가 죽어 물에 뜬다. 그러면 은어를 내려치는 사람 뒤에서 다른 사람이 죽어 뜬 은어를 줍기만 하면 된다.

은어는 지금도 그렇지만 옛날에도 고급 고기였고 귀했으며, 가난한 농민들에게는 여름 보약감이었다. 은어를 잡아다 푹 곤 다음 찹쌀을 조금만 넣으면 은어죽이 되었다. 아픈 사람이나 아프고 나서 힘이 부치는 사람에게 좋았고, 젖떼기들의 유일한 이유식이기도 했다.

은어를 잡는 방법 중 하나가 깡(다이너마이트를 그렇게들 불렀다)이었다. 떡밥에다 심지를 꽂아 불을 붙여 고기가 떼로 노는 곳을 향해 던져 터뜨려 고기를 잡는 방법인데 옛날엔 많이 사용했다. 다이너마이트를 어디서 구했는지 모르지만 그때는 흔했다. 은어는 어찌나 빠른지 3초 만에 다이너마이트가 폭발해야 한다고 했다. 불붙이는 데 1초, 고기 있는 곳까지 날아가는 데 1초, 고기 있는 곳에 닿자마자 터지는 데 1초. 다이너마이트가 고기 노는 곳에 툼벙 떨어지며 바로 터져야지 조금만 늦어도 은어들은 금세 흩어진다는 것이다. 이렇게 은어떼를 쫓다가 손을 다친 사람들이 더러 있다. 은어

때, 또는 고기떼를 보고는 다이너마이트 심지에 불을 붙여 막 던지려고 하는데, 고기들이 도망가는 것이다. 고기들이 도망가니 다이너마이트를 든 손을 높이 치켜들고 "어, 어" 하며 고기를 쫓다가 그만 손에서 다이너마이트가 폭발해버리는 것이다. 그러면 손이 날아가고 만다. 나는 실지로 그랬다는 사람과 함께 근무한 적이 있었다. 말은 그럴듯하게 상이군인 운운했지만 팔목이 없는 오른쪽 손만은 고기 잡다가 그랬다는 설이 있었다. 물론 본인은 극구 부인했지만. 그분이 아니더라도 섬진강가엔 그런 사고가 종종 일어나 팔도 다리도 없는 '상이어부'가 더러 있었다.

한국전쟁 후엔 수류탄이 나돌아 깊은 소에다 수류탄을 던져 고기를 잡기도 했다. 깊은 소에 수류탄을 던지면 온 동네, 온 계곡이 다 쿵쿵 울렸다. 수류탄이 떨어져 폭발하면 물기둥이 미루나무 모양으로 하얗게 솟구쳤다가 떨어지곤 했는데, 조금 있으면 큰 고기들이 허옇게 떴다. 내가 사는 덕치면에는 잠수질을 잘하는 사람들이 있었다. 그런 사람들이 다이너마이트에 불을 붙여서 깊은 물속 고기들이 많이 사는 바위 속에 집어넣고 재빨리 도망 나와 한참을 기다린다. 그러면 쿵 하는 둔탁한 소리가 나고 구정물이 솟구치면서 고기들이 함께 떠오르는, 위험하기 짝이 없는 고기잡이를 했다.

다이너마이트를 한 방 던져 은어를 가마니로 잡고 누치라는 고기를 망태로 잡아가는 것을 보았다. 어떤 순경들은 총으로 자라를 잡기도 했다. 언젠가도 이야기했듯이 자라란 놈은 여름 한낮 소낙비가 내리다 뚝 그치면 모두 강 가운데에 있는 바위로 기어 올라와 햇볕을 쬐는데, 보통 많은 게 아니었다. 이 바위 위의 자라를 총으로 쏴서 잡는다. 총소리와 함께 총에 맞은 자라는 사람 키로 두어 길쯤 솟구쳤다가 툭 물에 떨어지는데, 가서 보면 자라가 박살이 나 있곤 했다. 잔인한 사냥이었다.

가재 줍기

공해에 가장 민감한 것 중 하나가 새우 종류인데 그중에서도 가장 민감한 게 산속 도랑에 사는 가재다. 가재는 박힌 돌을 뚫고 들어가 집을 짓고 산다. 가재는 꼬리 안쪽에 알을 달고 다니는데 그 새끼가 참으로 작고 예쁘기 그지없다. 가재는 주로 서리 내릴 때쯤 잡아 지져먹는데 무나 파란 애호박을 넣어서 지지면 참으로 맛도 있을뿐더러 보기에도 좋다. 가재는 지지거나 구우면 빨간색으로 변하는데 푸른 애호박 속에서 붉게 익은 가재는 기막히게 조화를 이룬다. 입에 넣고 깨물면 껍질 소리가 바삭바삭 나고 딱딱하지만 맛은 여간 신선하고 고소한 게 아니다.

가재를 먹으려고 일부러 잡진 않는다. 밭일 논일을 하다 쉴 참에,

또 일 끝에 몸을 씻고 식히다 도랑물 속의 돌을 들면 가재가 불불불 기어 나오는데, 그때 심심해서 돌을 하나 들추고 두 개 들추다보면 금방 한 끼 먹을 가재를 잡게 되고 또 농사일 다 끝나고 서리 온 날 도랑에서 새우를 뜨다가 가재도 떠지면 지져먹기도 할 뿐 일부러 가재잡이를 가진 않는다.

딱 한 번 가재잡이를 일삼아 가는 때가 있다. 언제인고 하니 논에 벼를 다 베어내서 벼 포기만 앙상하게 남아 있는 늦가을쯤 비가 부슬부슬 내리기 시작하면 아주머니들이나 아이들은 우골 도랑가에 있는 논을 찾아간다. 양동이나 주전자나 오목한 소쿠리를 가지고서. 가을비가 와서 벼를 베어낸 논에 물이 고이고 도구 쳐놓은 고랑에 물이 넘쳐나면 논과 도구를 친 도랑 흙 속이나 바위 속에 숨어 있던 가재란 가재는 다 나와 논바닥을 엉금엉금 기어다닌다. 어떤 논에 가면 논바닥에 가재가 어찌나 많은지 밤나무 아래에서 밤을 줍듯 냇가에서 다슬기를 줍듯 그냥 가재를 주워서 그릇에 담으면 된다. 지금 생각하니 참으로 재미있는 가재 줍기(?)가 아닐 수 없었다. 가지고 간 그릇이 그들먹하게 차오를 때까지 가재를 주워 가지고 오면 된다.

가재는 맑고 시원한 곳에서만 산다. 가재는 시골의 옹달샘에 꼭 필요하다. 시골 공동 샘이나 옹달샘엔 항상 가재가 몇 마리씩 사는데 이 가재가 샘의 물구멍이 막히지 않도록 계속 뚫어준다. 우리 집 뒤란에도 샘이 하나 있는데, 어느 날 샘에 있던 가재가 없어져버려 어머니가 동네 아이들을 찾아다니며 물었더니, 어느 중학생이 학교에서 가재를 가져오라고 하자 우리 샘에서 잡아다가 대접에 넣어둔 것을 어머니가 도로 찾아다가 샘에 넣어준 적이 있다. 가재는 이제 그런 샘이나 깊은 산속 농사를 짓지 않는 도랑에 산다. 조금이라도 농약기가 있는 물에서는 금세 가재가 사라져버린다. 요즘 어쩌다 물새우나 가재를 보면 그렇게 반가울 수가 없다.

  우골 도랑에, 우골 논바닥에 그 많던 가재는 다 어디 갔는가.

물고기도 밤에는 잠을 잔다

 고기도 밤에는 잠을 잔다. 집에서 잠을 자는 것이 아니라 집 밖으로 나오는데 그것도 얕은 물로 나와서 잠을 잔다. 이 좋은 기회를 사람들이 또 놓칠 리 없다. 큰 고기들이 얕은 물에 나와 잠을 자고 있으니 그냥 가서 고기를 잡는 게 아니라 주워 오면 되니 이 얼마나 손쉬운 고기 사냥인가 말이다.

 사람들은 긴 여름밤이라는 말을 한다. 사실 여름밤은 길지 않고 짧다. 겨울밤이 길지 여름밤이 길 리가 없는데도 사람들이 긴 여름밤이라고 하는 데는 그만한 까닭이 있을 터. 내가 생각하기엔 여름밤은 무덥고 모기가 많고 빈대나 벼룩이 많아 잠을 잘 잘 수 없어서 생긴 말이 아닌가 한다. 사실 농촌의 여름밤은 참으로 길기만 하다.

날은 덥고 물것들은 많으니 사람들이 제대로 잠을 잘 수가 없어 느티나무 그늘이나 마당에 모깃불을 피워놓고 이런저런 이야기를 하며 밤이 깊은 줄 모르고 논다. 마당에 덕석이나 멍석을 깔고 마당가에는 모깃불을 자욱하게 피워놓고 부채로 더위와 모기와 연기를 쫓는 여름밤. 지붕엔 하얀 박꽃이 피어 있고 이 산 저 산에서는 소쩍새 울고 별들은 쏟아질 듯 이마에 초롱거리는데 골짜기에는 개똥벌레들이 반짝이며 날아다닌다. 그리하여 여름밤은 길기만 한 것이 아닌가. 밤에 깊은 잠을 자지 못하고 고된 일을 한 농부들이 여름철엔 점심을 먹고 느티나무 아래 모여 낮잠을 늘어지게 잔다.

이 무덥고 긴 여름밤을 어떻게 하면 재미있게 지낼 것인가. 노심초사 걱정을 하다가 사람들은 잠자는 고기를 잡는 일을 시작했으리라. 밤에 고기 잡는 것을 사람들은 '밤불 보기'라고 했다. 밤불을 보기 위해서는 대충 몇 가지의 연장을 준비해야 한다. 솜뭉치, 작대기, 철사줄, 석유, 톱, 그리고 고기를 담을 그릇이 있으면 된다. 솜뭉치를 똘똘 말아 철사로 묶은 다음, 작대기 끝에다 대롱대롱 매단다. 솜뭉치에 석유를 듬뿍 묻혀 불을 붙이면 횃불이 되는데, 이 횃불을 들고 물가로 가서 물속을 환하게 비추면 얕은 물가로 나와 자올자올 잠을 자고 있는 물고기들을 볼 수 있다. 깊은 곳도 아니고 장딴지쯤 닿는 얕은 물에서 말이다. 고기잡이가 땅 짚고 헤엄치기다.

물속에서 비몽사몽 잠을 자고 있는 고기들은 사람이 가도 잘 깨어나질 않는다. 멍청이라는 고기는 평소에도 멍청해서 손으로 잡으려 해도 잘 도망가지 않는데 밤엔 아예 깊은 잠에 빠져버리는지 손으로 들어도 가만히 잠들어 있다. 오죽 멍청하게 잠이 들었으면 사람이 잡는 것도 몰라 이름을 '멍청이'라고 지어주었을까. 그런데 멍청이는 사냥의 주 대상이 아니다. 멍청이 고기는 살은 많지만 푸석푸석해서 별로 맛이 없다. 밤불 보기의 주 대상은 뱀장어나 쏘가리 등 크고 맛있는 고기들이다.

뱀장어는 몸이 미끄럽다. 미꾸라지처럼 미끄러워서 손으로 훔쳐 잡기가 매우 어렵다. 뜰망이 있으면 좋지만 그때 뜰망이 어디 있었겠는가. 얕은 물에 나와 잠을 자는 뱀장어는 톱날이 아니라 톱의 등으로 쳐서 잡는다. 길게 누워 잠든 고기를 톱의 등으로 탁 치면 물이 갈라지며 뱀장어의 긴 몸 어딘가도 동강이 난다. 좀 잔인하지만 이 방법으로 뱀장어를 잡는 것이 가장 쉽다.

쏘가리는 여름 한낮에도 많이 잡는데, 일단 맑은 여울목으로 간다. 살바위가 있는 매우 가파른 여울목에 가서 빨리 흐르는 물살 속을 들여다보면 쏘가리란 놈은 몸을 납작하게 세우고 바위에 기대어 있다. 물살이 빨리 흐르고 물그림자가 어리는데 바위 색깔과 쏘가리 색깔이 비슷해서 자세히 들여다보아야 쏘가리가 보인다. 그때 포크같이 생긴 삼지창으로 쿡 찍어올리면 되는데 잘 잡는 사람은 몇 분도 안 되어 작은 망태로 하나 가득 잡는다. 이 쏘가리란 놈은 밤에도 그렇게 얕은 여울목에 나와 바위에 몸을 기대고 잠을 잔다. 톱으로는 안 되고 이때도 쏘가리는 삼지창으로 찔러 들어올린다. 이렇게 이 고기 저 고기를 잡으며 조금만 가다보면 금세 그릇이 고기로 가득 찬다.

  거듭 말하건대 이 모든 놀이는 아무나 하는 것이 아니다. 부지런해야 하며 남다르게 이런 일에 재미를 붙이지 않으면 힘들다. 그리고 반드시 서두르는 사람, 즉 총대를 메는 사람이 있어야 한다. 캄캄한 여름밤 횃불을 밝히며 잠든 고기를 쉽게 잡던 일도 꼭 용조 형과 윤환이가 끼어야 잘되었다. 용조 형은 서울서 건축일 하며 살고, 윤환이는 지금 서울 어느 아파트의 수위로 있단다. 그리운 고향 산천을 생각하면 그들은 잠들지 못할 것이다. 마을 구석구석이 다 그들의 몸과 마음에 섞여 있을 테니까. 고향은 몸과 마음에서 쉽게 떼어지지 않는 나무껍질 같은 것이다.

여름날의 가물치 사냥법

 가물치는 강물이 흘러드는 깊은 소나 호수 또는 작은 연못에 사는데 생명력이 대단히 강한 고기다. 물 없는 곳에 하루쯤 눕혀놓아도 아가미를 뻐끔뻐끔하며 살아 있다. 뜨거운 여름날은 호숫가 낮은 뽕나무나 버드나무에 올라가 있다가 사람이 지나가면 풍덩 물속으로 뛰어든다는 얘기도 있다.

 진메 마을 조금 위, 그러니까 내집평 들 앞에 유방같이 생긴 두 개의 봉우리를 가진 산이 하나 있는데, 그 산 앞에 용이 못 된 이무기가 살았다는 용소가 있다. 용소는 수심이 어찌나 깊었던지 옛날엔 명주실 한 꾸리가 다 들어갔다고 한다. 실지로 그 깊이의 끝이 보이지 않는 소였다. 웬만한 학교 운동장 서너 개쯤 되는 넓이의 호수였는데 물의 푸름이 꼭 하늘과 같았다. 용소는 물이 들어오는 곳은 없어도 나가는 곳은 있는 이상한 호수였다. 조개도 많고 붕어, 잉어, 자라가 많아 우리는 하굣길에 자라가 호숫가에 알을 낳으러 나왔다가 엉금엉금 기어 호수로 첨벙 뒹굴어 빠지는 것을 보기도 했고, 자라를 들어다가 호수 가까운 곳에 놓아주고 헤엄치는 모습을 보기도 했다.

이 호수에는 다른 고기들도 많았지만 가물치가 많이 살았다. 가물치란 놈은 겨울이 되면 호수의 밑에 가라앉은 '흐레'라는 흙 속에 가만히 엎드려 동면을 하다가 봄이 되면 흙을 뚫고 나와 활동을 시작한다. 봄부터 가을까지가 활동 기간인데, 햇빛이 쨍쨍한 여름날이면 호숫가 얕은 곳으로 나와 등을 반쯤 물 위로 드러내놓고 죽은 듯 가만히 있다가 사람이 바짝 다가가면 그제야 후다닥, 풍덩, 철버덕, 소리를 내며 도망치기 때문에 사람들이 곧잘 그 소리에 놀란다. 이처럼 느려빠진 점을 이용해서 가물치를 잡는 것이 가물치 사냥법이다.

기다란 막대기나 두어 발쯤 되는 대나무 끝에다 30센티미터 정도의 낚싯줄을 단다. 커다란 개구리를 잡아 개구리 입에다 낚시를 꿰어서는 호숫가에 낚싯대를 깊이 박아 개구리가 물에 약간 잠길 정도로 낚싯줄을 늘어놓는다. 아침에 그렇게 낚시를 두었다가 저녁에 가보면 큰 팔뚝만한 가물치가 낚시에 물려 요동을 치다가 지쳐 있게 마련이다. 허탕을 치는 경우도 있지만 그런 일은 드물다.

　가물치가 뜨거운 햇볕을 쬐러 물가에 나와 낮잠이 들 만하면 낚시에 꿰인 커다란 개구리란 놈이 요동을 치며 물살을 일으켜 낮잠을 방해한다. 몇 번은 그냥 참자 참자 하며 참지만 시간이 갈수록 개구리의 요동은 더해간다. 그도 그럴 것이 지금 개구리는 미칠 지경인 것이다. 요동을 치느라 시간이 지날수록 낚싯바늘에 꿰인 아가리는 아프지 뜨거운 햇살은 내리쬐지, 한참 가만히 있다가 힘이 생기면 또 발악을 하며 요동을 친다. 참다 참다 못 참은 가물치란 놈이 머리끝까지 화가 치밀어 쏜살같이 달려가 덥석 요놈을 물어 단번에 꿀꺽 삼켜버리는 것이다. 그러면 가물치도 개구리도 인생(?) 끝이다. 호수에는 물살만 인다.

　가물치는 허리 힘이 좋고 다른 고기에 비해 살이 연하다. 산후 산모에게 좋다고 하며 횟감으로도 좋지만 요새는 회로 해서 먹으면 안 된다. 대추 넣고 알밤 넣고 인삼 넣고 생강 넣고 푹 고아먹으면 정력에 좋단다. 아닌 게 아니라 낚시에 걸린 가물치는 그 요동치는 힘이 강하고 세서 약간 큰 놈도 손으로 잡아보면 꿈틀거리는 막강한 힘이 온몸에 느껴진다. 그래서 다른 낚시로는 잡지 못한다. 물을 막고 품어서 잡거나 개구리 낚시로 잡아야 한다.

　가물치가 뛰니 망둥이도 뛴다는 말이 있다. 뭣도 모르는 놈들이 덩달아 지랄하는 꼴을 보고 한 말이다.

징검다리와
수두렁책이

　진메 마을에서 물을 묻히지 않고 강을 건너는 길은 징검다리밖에 없다. 강 건너에 논과 밭을 갖고 있는 사람뿐 아니라, 진메 사람들은 거의 매일 징검다리를 건너야 할 일이 생겼다. 논밭에 가는 일 외에도 나무를 하러 가는 일, 소꼴을 베러 가는 일, 하다못해 염소를 갖다 매고 소를 가져오는 일 따위로 늘 징검다리 88개를 밟아야 한다.

　징검다리는 이렇게 마을 사람들을 건네주는 일을 할 뿐만 아니라 빨래를 하는 빨래터, 밤이면 여성들이 목욕을 하는 목욕터, 상추나 배추를 씻는 곳 등 마을 가운데 있는 헛샘이 하지 못하는 기능을 수행했다. 그래서 사람들의 모습이 사라지지 않는 곳이다. 동네 아주머니나 처녀, 또 아이들이 빨래하는 방망이 소리가 나기도 하고, 닭을 잡아 닭의 배를 따기도 하고, 마을잔치 때는 여러 사람이 빙 둘러서서 돼지 내장을 끄집어내기도 하는 곳이다. 겨울철에 얼음장을 깨고 빨래를 할 때도 있었다. 어머니 말씀에 의하면 시집살이의 서러움과 분노를 방망이질 소리로 풀어 강물에 실어 보내던 곳이다. 살을 에는 강바람 속에서 얼음장을 깨고 찬물로 빨래를 하면 손이 쩍쩍 갈라져 생살이 보이고 피가 났다고 한다. 그놈의 지긋지긋한 빨래들을 하며 서러움을 삭이며 오만 가지 생각을 죽이고 살리던 곳이 이 징검다리이기도 하다. 우리 동네 남자아이들이 회초리 낚시질을 배우는 곳 또한 징검다리다. 징검다리에서는 여러 가지 먹을 것들을 씻기 때문에 고기들도 징검다리 부근에 많이 모여 산다. 그래서 봄부터 초가을까지는 늘 아이들이 낚시하는 모습이 사라지질 않았다.

  마을에서 징검다리를 향한 길은 크게 세 갈래였다. 아랫곁, 중간, 윗곁, 이렇게 세 개의 길에서 나온 사람들은 모두 징검다리에서 모였다. 밭을 매러 간다거나 나무를 하러 간다거나 할 때처럼 많은 사람들이 움직일 때에도 여기저기 길에서 나온 사람들이 징검다리에서 만났다. 지게를 지고 소를 끌고 하얀 수건을 쓰고 낫을, 호미를, 괭이를 들고 씨앗들을 이고 지고 강을 건너면, 크게 양 갈래 길이 나 있고 한가운데로도 길이 나 있다. 밭으로 가는 길, 나무하러 가는 길이 마을에서 강으로 오는 길처럼 세 갈래다. 이렇게 징검다리는 사람들을 모았다가 풀어주는 것이다. 제일 작은 징검다리 돌멩이로부터 시작해 점점 커지다가 강 한복판에는 아예 뿌리가 박힌 커다란 바위가 징검돌이 되어 있고 거기서부터 또 징검돌들이 작아진다. 이 징검돌의 작고 커짐에 따라 물소리 또한 점점 커졌다가 점점 작아지는데, 이 물소리가 긴긴 밤 근심 걱정 많은 동네 사람들의 잠자리를 달래주기도 하고 성가시게도 한다. 물소리는, 바람이 불면 바람 소리를 따라갔다가 돌아오고 새벽으로 갈수록 잦아들었다가 아침이 되면 점점 깨어난다. 나도 내 인생이 불쌍하고, 내 삶이 고달프고 서럽고 괴로울 때, 아무도 몰래 징검다리에 나와 앉아 이 물소리를 들으며 내 슬픔을 달랬다. 아마 나뿐이 아니라 우리 어머니, 누님들, 아버지, 할아버지들 모두가 세상 사는 동안의 서러운 일들을 여기 이 징검다리를 하나하나 세어가며, 또 물소리를 들으며 슬픔과 분노와 억울함을 실어 보냈으리라.

  이 징검다리는 어찌나 사람들이 건너다니는지 늘 빤질빤질했다. 처음에는 불불불 기어 건너가다가 물에 빠지기도 하던 아이들이 서서히 한 개, 두 개씩 스스로 건너뛸 때까지는 오랜 세월이 걸렸다. 적어도 여섯 살 정도가 되어야 물에 빠지지 않고 혼자서 이 징검다리를 건널 수 있었다. 이따금 누님들이 하얀 적삼에 검정 치마를 입고 서서 머리를 감고 말리면서 터뜨리던 그 웃음소리, 징검다리에 앉아 온갖 수다를 떨다가 나무꾼들이 나타나면 황망히 자리를 뜨던 누님들의 뒷모습이 지금도 눈에 선하다.

이 징검다리 돌들은 크건 작건 간에 거의 고기들이 살 수 없을 정도로 강심에 깊이 뿌리를 박고 있다. 아무리 큰물이 불어도 움직이지 않고 완벽하게 잘 보존되었다. 돌들이 커서 그렇기도 하려니와 그 돌을 놓은 자리가 아마 큰물이 불 때에도 가장 순순하게 물이 흐르는 곳이기 때문이 아닌가 한다. 강폭이 이 징검다리터보다 좁은 곳이 많은데도 여기에 다리를 놓고 이 자리에서 한 번도 징검다리를 옮기지 않은 이유도 바로 그러한. 그러니까 강물이 많이 불 때도 돌이 떠내려가지 않을 곳을 찾아 징검돌을 놓을 정도로 오래도록 자연에 순응하며 살아왔던, 자연의 순환과 생태를 잘 이해했던 조상님들의 지혜였을 것이다.

징검다리를 고칠 때도 있다. 큰물이 지나가면 약간씩 움직인 돌들을 동네 사람들이 다 모여 바로잡는 공사를 했다. 가장 물살이 센 곳의 징검돌 두어 개가 약간씩 움직이거나 밑으로 떠내려갈 때도 있었는데 그땐 온 동네 사람들이 다 모여 징검다리를 고쳤다. 사실 징검다리 공사는 그다지 시간과 힘이 많이 드는 일은 아니었다. 칠석날이나 백중날, 또는 유두날 아침나절에 얼른 해치울 수 있는 정도여서 사람들은 징검돌을 고치면서 그 근방에 있는 돌들을 건드려 고기 잡는 일에 더 많은 힘을 쓰고 더 많은 시간을 보냈다.

동네 사람들은 툭하면 공사를 했다. 공사 종류도 여러 가지였다. 마을 큰길 풀을 베는 일이 가장 많았다. 논과 밭으로 가는 길에는 풀이 너무나 많았고 또 잘도 자랐다. 아이들이 학교 가는 길까지 베어야 했다. 그런 공동의 일을 할 때도 함부로 품을 버리지 않고 꼭 백중날 아침이나 추석 안날 등 명절 안날에 해치웠다. 그리고 하루 내내 홀가분한 마음으로 정자나무 아래 모여 씨름하고 술 마시고 놀며 그동안 밀린 여러 가지 마을의 자잘한 일들을 해치웠다. 저녁판에 술에 취하면 누가 싸우든지 꼭 싸움을 하고서야 하루를 마무리 지었다.

아름다운 시절, 아름다운 일들이었다. 농사짓고 사는 사람들만이, 자연과 더불어 사는 사람들만이 만들 수 있는 삶의 아름다운 모습이었다. 안개가 낀 아침 물에서 흰옷 입은 사람들이 영차영차 돌을 옮기려고 힘쓰는 고함 소리와 바지런히 몸을 움직이는 모습은 참으로 아름다운 한 폭의 그림을 그렸다. 그 모습은 영원히 내 뇌리에서 지워지지 않는 한 폭의 그림, 한 장의 사진으로 찍혀 있다.

이야기가 새끼를 쳐간다. 다시 징검다리 이야기로 되돌아가자. 징검다리 부근에는 또 진메 마을 앞강 그 어디보다 다슬기가 많이 살았다. 여름날 저녁밥을 먹고 더위를 식히려고 아낙네들은 물속에서 미역을 감으면서 잠깐씩 다슬기를 잡았다. 밤이 되면 다슬기들은 모두 돌멩이 밖으로 나와 돌을 새까맣게 덮었다. 밤에 맨발로 물에 들어서면 발 디딜 곳 없이 다슬기들이 돌멩이를 덮고 있어 우두둑우두둑 밟혀 으깨졌다. 불빛이 없어도 그냥 돌을 슬슬 쓰다듬으면 한 주먹씩 다슬기가 잡혔다. 잠깐이면 한 됫박쯤 되는 다슬기가 잡혔다. '목욕하고 다슬기 잡고'다.

다슬기는 여름철에 아주 좋은 반찬이다. 다슬깃국을 끓이면 국물은 파란색이다. 깊은 물색인 것이다. 이 다슬깃국에 된장 풀고 푸른 호박이나 무를 뿌려넣으면 그처럼 시원한 국물이 또 어디 있을까. 다슬깃국을 먹으며 "으, 그놈의 국물 시원하다" 하지 않는 사람은 없다. 술을 많이 마시는 사람들에게 유명한 해장국이었다. 다 알다시피 다슬기는 위장이나 간에 좋다고 하니 이보다 더 좋은 술국이 어디 있을까.

여름철 반찬이 없을 때 어머니들이 밤에 잠깐 미역을 감으며 다슬기를 쓸어다 국을 끓이면 다른 반찬은 필요 없었다. 파란 다슬기 국물에다 포슬포슬한 보리밥 덩이를 넣으면, 국밥을 말고 자시고 할 것 없이 밥알이 저절로 국물에 풀어진다. 그러면 후루룩 밥을 건져먹고 거기다 또 밥을 넣으면 된다. 다슬깃국 한 그릇이면 밥 한 그릇을 다 먹고도 국물이 남는다.

국물을 다 먹고 나면 식구들이 모여 속에 든 다슬기 속살을 까먹는다. 다슬기를 처음으로 까먹어보는 사람들은 싸리비 꽁다리나 바늘로 다슬기 속에 든 알맹이를 꺼내서 까먹지만, 우리 동네에서는 한 스무 살 정도만 되면 그냥 손으로 집어 훅 빨면 힘 하나 안 들여도 알맹이가 쏙 빠져 입안으로 들어온다. 온 식구가 다 둘러앉아 다슬기를 부지런히 까먹을 때는 말은 없고 훅훅훅 소리만 요란하다. 이건 순전히 우리 동네 사람이나 섬진강가에 사는 사람들만 가지고 있는 기술이다. 혹 다른 동네 사람이 와서 그 기술을 가르쳐달라고 해도 우리 동네 사람 그 누구도 그 기술을 가르칠 수가 없다. 아무리 설명을 해도 설명으로는 안 되는 일이 있는데 그 일이 그렇다. 그냥 몇십 년 다슬기를 까먹다보면 저절로 터득이 되고 그 경지에 이르는 모양이다. 그렇다. 그 일은 말 그대로 경지에 이르러야 가능한 일이다.

언젠가 어느 식당엘 갔는데 마침 다슬기가 반찬으로 나왔다. 나도 몰래 손이 가서 그냥 아무 생각 없이 훅훅 다슬기를 까먹다보니 식당 분위기가 이상해졌다. 고개를 들자 나랑 같이 밥 먹으러 간 사람들이나 식당 안 사람들이 그런 내 모습을 모두 신기해하며 쳐다보고 있었다. 일행 중 몇 사람이 "그거 진짜 알맹이가 빠진 것이여?" 하며 내가 까먹은 다슬기 빈 껍데기 구멍을 들여다보며 신기해했다. 또 언젠가 신경림 선생님이랑 안종관 형님이랑 김사인이 우리 집에 왔을 때도 나도 모르게 다슬기를 그런 식으로 까먹다가 한참 동안을 그 다슬기 까먹는 기술을 가지고 입씨름을 벌인 적이 있었다.

또 이야기가 다른 새끼를 치고 말았다(내가 왜 이러는지 나도 모르겠다). 나무를 하러 또는 밭을 매러 징검다리를 건너간 사람들은 모두 자기들이 일할 장소를 찾아 길을 따라 산속으로 밭으로 논으로 들어선다. 그 길들 또한 아름답다. 실낱같이, 가르마같이, 아침저녁으로 이슬이 반짝이고 풀꽃들이 피어나고 지고 서리가 하얗게 내리고 눈이라도 살포시 내리는 겨울날이면 제일 먼저 그 길에 눈이 쌓여 하얗게 굽이굽이 선을 그어간다.

...

논과 밭과 산에 들어 곡식들을 가꾸고 거두고 나무하다가 한나절이 되어갈 때쯤 배가 슬슬 고파오기 시작하면 밭매던 사람, 나무하던 사람들, 논일하던 사람들의 눈길이 자주 가는 곳이 한 군데 있다. 동네 쪽 큰골을 지나 작은골에 이르는 산중턱에 바위산이 있는데, 사람들은 거길 '수두렁책이'라고 부른다. '책이'라는 말은 돌멩이라고 하기도 뭐하고 그렇다고 보통 바위보다는 훨씬 더 큰 바위산을 부르는 말인데, 서울의 인왕산이나 도봉산에 우뚝우뚝 서 있는 그런 돌들이 깔린 산을 '책이산'이라고 한다. '책이가 쫙 깔렸다'는 말은 '바위가 쫙 깔렸다'라는 말과 같다.

아무튼 뱃속에서 쪼로록 소리가 들리기 시작하면 힐끔힐끔 그 바위를 훔쳐보기 시작하는데, 그 책이에 그늘이 한 군데도 없이 모두 햇빛으로 환하게 드러나면 열두시, 즉 아침나절 일이 끝나는 시간이다. "어, 수두렁책이 배고프구만" 하며 일손들을 놓고 부지런히 집을 향해 갈 시간인 것이다. 절골이나 평밭에서, 장산머리 이곳저곳에서 일을 하던 사람들이 줄줄이 징검다리를 향해 내려온다. 봄, 여름, 푸른 산을 깨치고 줄줄이 길을 따라 내려오며 웃고 떠드는 생생한 말소리는 새소리보다, 강물의 물고기가 물을 차고 뛰는 소리보다 더 싱싱하게 산에 솟아오른다. 노동 후의 그 경쾌한 웃음소리를 나는 잊지 못한다. 그 산길로 사람들이 돌아오는 소리는 일하고 돌아오는 사람들만이 낼 수 있는 건강하고 깨끗한 사람의 소리다. 그들의 거친 팔과 다리, 태양 속에 그을리며 땀 흘린 얼굴들에는 꾸밈이 없다. 오직 자연으로서의 인간만이 있을 뿐이다. 생동감 넘치던 그 모습은 어떤 말로도 표현이 불가능하다.

사람들은 그렇게 수두렁책이의 그늘 없는 얼굴처럼 이 구석 저 골짜기에서 내려오는데, 기막힌 것은 징검다리에서 모두 함께 만난다는 사실이다. 먼 곳, 가까운 곳으로 나간 사람들이 징검다리까지 오는 거리가 모두 다를 텐데도 어떻게 모든 일꾼들이 징검다리에서 함께 만나지는지, 나는 항상 그곳에 모이는 사람들의 모습을 보며 신기해했다. 그렇게 자연스럽게 징검다리에서 만난 사람들은 징검돌을 하나씩 차지하고 앉아 손을 씻고 먼지를 털고 강물에 더위를 식힌 다음 한나절 한 일의 양과 저녁 때 할 일에 대해 떠들며 줄줄이 하얗게 징검다리를 건너 쫙 퍼진다. 각자 자기 집을 향해서 말이다.

옛날 겨울엔 이 징검다리 위로 나무와 흙으로 만든 섶다리를 놓았다. 겨울이면 징검다리가 얼어붙기 때문에 건널 수가 없었다. 강물이 불지 않더라도 강추위가 몰아치면 징검돌 사이에 얼음이 얼어 징검돌 위로 얼음이 덮이곤 했던 것이다.

동네 사람들에게 시간을 가르쳐주던 수두렁책이와 동네 사람들을 동시에 모여들게 했던 진메 마을의 징검다리는 지금도 숱한 말소리를 간직한 채 강물에 씻기고 있다. 하얗게 눈이 쌓이면, 소복소복 자기 몸높이로 눈이 쌓이면, 희고 아름답고 고요한 자기 그림자를 내려다보고 있던 징검다리. 자연과 일하면서 살고, 자연을 가장 잘 읽을 줄 알고, 자연에 순응하고 그 질서를 가장 잘 파악한 사람들이 만든 이 다리는 마을과 산과 하늘과 논과 밭과 아름다운 조화를 이룬 예술작품이었다. 나는 그 이상의 예술품을 아직 만나지 못했다.

내가 제일 좋아하는 고기, 쉬리

　쉬리라는 이름은 매우 듣기 좋은 냄새를 풍긴다. 소리 없이 빠르게 징검다리를 빠져나가는 흐르는 물을 생각나게 하기도 한다. 징검돌과 징검돌 사이는 물살이 빠르다. 그 빠른 물을 가만히 보고 있으면 아주 예쁘고 작고 하얀 고기가 흐르는 물살을 타며 반짝반짝 몸을 빛내며 놀고 있는데, 그 고기가 쉬리다. 우리는 쉬리를 잘 잡지 않았다. 고기가 작아서다. 쉬리를 우리 동네 사람들은 가새피리라고 한다. 꼬리에 달린 지느러미가 마치 '가새'(가위)처럼 생겼다고 해서 그렇게 부른다. 사람들은 또 이 쉬리를 기름치, 딸치, 세리, 쇠리, 싸리치기, 여울각시, 영애각시라고도 부른다. 여울에서 사는 예쁜 고기여서 그렇게 이름이 붙여졌을 것이다. 몸의 길이는 보통

10센티미터 안팎인데 살이 통통하면서도 몸체는 날씬하다. 머리는 가늘고 길며 입이 있는 곳은 뾰족하다. 등에서 배 쪽으로 까만색이 섞인 남색, 보라색, 주황색, 황색, 은백색의 가로 띠가 화려하게 이어진다. 알을 낳을 무렵이면 모든 물고기가 다 그렇듯 수컷의 색채는 더욱 화려해진다. 하얀색 비늘로 덮인 몸에 여러 가지 색까지 가지고 있으니 귀티가 나고 화려하다.

나는 이 쉬리 사진을 복사해서 내 책상 앞에 걸어두었다. 어렸을 때 강을 건너지 못하고 강 건너의 어머니를 부르며 울다 지쳐 징검다리 사이로 흐르는 물을 보고 있으면 늘 이 고기가 왔다갔다했다. 그 보일 듯 말 듯한 고기를 보며 나도 모르게 울음을 그쳤다. 징검다리 사이를 바삐 흐르는 물살에 손가락 끝을 대보면 흘러와 닿는 물이 갈라지고 흐르는 물의 힘이 몸에 전해진다. 부드러운 힘이 느껴지는 이 기분 좋은 물살의 힘을 쉬리도 느꼈을 것이다. 쑤기로 고기를 잡을 때면 쉬리도 함께 잡히곤 했는데 쉬리는 살려주었다. 어쩐지 먹기가 아까웠다. 물안경을 쓰고 물속을 들여다보다가 쉬리를 보면 반가웠다. 물속에서 물을 거슬러 헤엄치며 노는 모습을 오래오래 숨이 차게 바라보았다. 예뻤던 것이다.

그런데 이 쉬리가 언젠가부터 우리 동네 강에서 없어졌다. 오랫동안 보이지 않는다. 쉬리와 함께 보이지 않는 것이 또 있으니 동자개라는 물고기다. 동자개도 여울에 살았다. 동자개의 생김새는 메기와 비슷하나 매우 작다. 10센티미터가 조금 넘을락 말락 하다. 우리는 이 동자개를 '삐런짜가'라고 했다. 자가사리같이 생겼대서, 그런데 빨간색이어서 그렇게 불렀다. 동자개는 여울목 박힌 돌 밑에서 살았다. 잡아도 먹지 않았는데, 잡다가 잘못 쏘이면 치가 떨리게 참을 수 없을 만큼 아파서 울지 않은 아이들이 없었다. 아파도 너무 아팠으며 은근히 오래갔다. 검은 피가 솟도록 쏘인 곳을 꼭 쥐고 있으면 눈물이 쏙 빠지게 아리고 아팠다. 울음이 나올 정도로 입이 쫙 벌어지고 입안이 다 쓰도록 아팠다. 그 아픔은 하루 안에 끝나지 않고 한 이틀 동안 잊어버릴 만하면 욱신거리며 돌아오곤 했다. 잡으면 미끌미끌한 게 영 기분이 좋지 않았다.

쉬리는 징검다리 흐르는 물 위에 살고 땅속에는 동자개가 살았다. 징검다리를 새로 놓을 때 징검다리 부근에 박힌 돌들을 건드리고 캐내면 구정물이 나가고 동자개들이 돌아다녔다. 그러나 이 동자개도 언젠가부터 사라져 보이지 않는다. 머리가 납작하게 생기고 흰 수염이 싸가지 없게 난 동자개도 우리 동네 징검다리에서 사라졌다.

헛샘의 미꾸라지

　진메 마을 한복판에는 헛샘이 있었다. 헛샘은 공동 우물이었는데, 헛샘이란 말은 허드레 것들을 씻는 샘이라는 뜻이다. 그러니까 그 샘의 물은 먹지 않는 물이다. 헛샘은 물이 나는 샘이어서 물이 마를 날이 없었다. 그곳에선 주로 물을 떠서 걸레를 빨거나 급한 사람들이 세수를 하거나 상추나 배추를 씻거나 했다. 진메 마을 코앞에 강물이 흘렀지만 먹을 샘물은 참 귀했다.

　마을에서 먹을 수 있는 우물이 있는 곳은 네 집이었는데, 모두 옹달샘이었다. 서른 가구가 넘는 동네 사람들이 이 네 개의 샘에서 식수를 길었다. 이 네 개의 우물 중에서 명옥이 당숙, 그러니까 '늑대'라는 별명을 가진 징잡이 당숙네 우물이 아주 물맛이 좋았다. 여름날 동네 사람들의 목을 시원하게 적셔주는 청량음료 구실을 톡톡히 했다. 주전자에다 물을 길어오면 주전자 겉에 물방울이 맺혀 줄줄 흘렀다. 들에서 돌아오면 누구나 그 집에 가서 물을 길어다 실컷 마셨다.

 어느 가을날이었다. 비가 부슬부슬 내리니 사람들은 할 일이 없었다. 가을날 농촌에 비가 오면 아무 할 일도 없게 된다. 벼도 베지 못하지 콩도 거두지 못하지, 그렇다고 보릿거름을 낼 수도, 나무를 할 수도 없다. 가을비가 내리면 사람들은 대개 따뜻한 쇠죽 방에서 늘어지게 잠을 자며 휴식을 취하게 마련이다. 부지런한 사람들은 가재를 잡으러 가기도 하고 고기잡이를 가기도 하지만 대개 한가해지는 게 가을비 오는 날이다. 그런 날, 꼭 그렇게 가을비가 부슬부슬 오는 날, 동네 공동 우물에선 누군가가 미꾸라지를 잡는다. 반드시 누군가가 정해진 것도 아니고 누가 잡아야 된다는 법도 없다. 한 해에 한 번씩 누군가 얼른 미꾸라지를 잡으면 된다. 헛샘에서 논까지 흐르는 도랑물, 즉 허드렛물이 흐르는 길이 한 열 보쯤 되는데 그 도랑가에 아름드리 바위들이 있어서 미꾸라지 집이 많았다. 사람들은 그런 허드렛물이 나가는 도랑 물길을 '해치깡'이라 했는데, 그 부글부글한 흙 속에 미꾸라지들이 많이 서식한다. 누군가가 생각이 나서 미꾸라지를 잡기 위해 헛샘물을 다 품어내면 그러는 동안 샘에 들어갔던 돌멩이, 나무막대기, 지푸라기 등을 다 끄집어내니 저절로 샘 청소가 되었으며, 또 도랑도 깨끗이 치워야 미꾸라지가 잡히니 그야말로 "도랑 치고 미꾸라지 잡는다"는 말이 딱 들어맞는 것이다.

어느 날 현철네 아버지가 미꾸라지를 잡게 되었다. 현철네 할머니는 이따금 사람들이 샘을 함부로 한다며 무시래기, 배추시래기나 걸레 조각 등 도랑물이 흐르는 것을 가로막는 것들을 치우시곤 했는데, 그 더러운 쓰레기들을 아무 거리낌 없이 손으로 쓱쓱 시원하게 치우시며 "어떤 급살을 맞을 것들이 샘을 이렇게 함부로 헌다냐"라고 하셨다. 그날도 아마 할머니가 그렇게 도랑을 치우다가 미꾸라지가 있어 한 마리 두 마리 잡다가 그만 현철이 아버지가 본격적으로 가세했는지도 모른다. 현철네 아버지가 달려들어 샘을 품고 뒤집어 미꾸라지를 잡기 시작하자 사람들이 심심함을 끄기 위해 하나둘 샘으로 모여들어 "저기도 한 마리" "여기도 한 마리" 등 온갖 허접스러운 소리들을 하며 구경을 하고 있었다.

샘 속에 있는 미꾸라지가 다 잡히고 이제 샘 도랑을 치우며 미꾸라지를 잡고 있을 때였다. 한참 미꾸라지를 신나게 잡고 있던 현철이 아버지가 허리를 쭉 폈다가 다시 쓱 엎드리자 주머니에 있던 담뱃갑이 그만 구정물 흙창에 빠지고 말았다. 그때였다. 어디선가 "아이구매, 아부지 담배 좆되았네" 하는 소리가 들렸다. 사람들의 시선이 그 소리 쪽으로 일제히 쏠렸다. 거기 현철이와 한 살 차이인 현철이 동생 현권이가 비시시 웃고 있었다. 아부지 담배는 '그것'이 되어 버렸어도 그날 미꾸라지는 겁나게 잡았다. 그날 이후 현권이는 무슨 일이 있을 때마다 '아부지 담배'로 기가 죽곤 했고, 그 말이 별명이 되다시피 했다.

헛샘의 미꾸라지는 그해에 그렇게 샘이 깨끗이 청소되면서 잡혀도 그 이듬해에 또 샘으로 모여들어 잡혔다. 이 헛샘은 언제나 물이 그득했고 마을 복판에 있어서 마을에 불이 났을 때는 아주 요긴하게 쓰이기도 했다.

대보름날 마을 사람들은 느티나무 아래에 모여 줄다리기를 했는데, 이때에도 이 헛샘을 중심으로 아랫곁, 윗곁 편을 갈랐다. 마을 사람들은 보름날이면 집집이 짚들을 깨끗이 다듬어 느티나무 아래로 모여들었다. 느티나무 큰 몸통에 양쪽으로 편을 갈라 커다란 새끼줄, 아니 동아줄을 꼬아갔다. 그 줄이 완성되면 사람들은 빈 논배미에서 줄다리기를 하고 아낙네들은 살쾡이 잡아먹기 놀이를 했다. 그 동아줄은 일 년 내내 여러 가지로 사용되었다. 닥나무 껍질을 삶아 벗겨 너는 닥줄이 되기도 했으며, 상여 나갈 때 상엿줄이 되기도 했다. '헛샘'이면서 실지로는 마을의 중요한 역할을 해주었던 그 큰 샘은 새마을사업으로 메워져 지금은 흔적도 없다. 거기 새마을 안길이 생겼다.

현철네 아버지가, 아니 누구든 한가한 가을날 미꾸라지를 잡으며 샘을 빙 둘러서서 여기저기 이놈 저놈 미꾸라지를 가리키던 손들, 커다란 미꾸라지를 보며 얼굴이 화들짝 환하게 피어나던 샘. 동네 아주머니들이 모여 상추를 씻고 걸레를 빨며 온갖 동네 소문을 일으키고 잠재우던 곳. 자치기며 군기살이며 짚공 차기며 물싸움 등을 할 때 쉽게 편을 갈라주던 헛샘. 물을 다 품어내면 물구멍에서 꾸무럭꾸무럭 기어 나오던, 누런 배를 가진 미꾸라지들이 지금도 눈에 선하다. 현철네 아부지 담배가 '그것'이 되어버렸던 헛샘.

제3부 — 한밤의 서리, 눈 내리는 날의 사냥

토끼 사냥
노루 사냥

    깊은 겨울밤 달구장태(닭장)에서 느닷없이 나는 푸드덕 소리와 꼬꼬댁 소리에 잠에서 깨 닭장에 가보면 어김없이 닭이 없어지고 몇 마리는 죽어 있었다. 그놈의 살쾡이가 다녀간 것이다. 그냥 다녀간 것이 아니라 순식간에 몇 마리를 죽이고 그중 한 마리는 가져간다. 정말 일이 순식간에 벌어진다. 밤엔 살쾡이가 나타나니 닭장 단속을 잘하려고 해도, 깜박 잊고 문을 닫지 않거나 조금 허술한 곳만 있으면 그놈의 살쾡이는 어김없이 나타나 닭을 잡아갔다. 닭 키우는 집치고 살쾡이에게 닭을 빼앗겨보지 않은 집은 없다.

    이 살쾡이란 놈은 닭을 물고 뒷산으로 갔고, 사람들은 그 뒤를 밟아 닭을 찾아 나섰다. 제아무리 날래고 귀신같다 해도 무거운 닭을 질질 끌고 가기 때문에 여기저기 띄엄띄엄 닭털이 빠져 있는 것이다. 닭털을 따라 찾아가면 틀림없이 살쾡이란 놈이 닭을 다 먹지 못하고 3분의 1쯤, 아니면 절반쯤은 땅에다 적당히 묻어놓았다. 살쾡이가 먹다 남은 그 닭을 이용해 덫을 놓는다. 살쾡이를 잡는 덫은 족제비를 잡는 덫과 같은데, 작대기 크기의 나무를 한 발쯤 잘라서 또 한 발쯤 넓이로 촘촘히 엮어서 만든다. 짱짱하게 엮어서 암반짝만 하게 만든 덫을 놓는다. 덫 위에는 무거운 돌멩이를 얹어 살쾡이가 미끼로 쓴 닭만 건드렸다 하면 영락없이 덫에 치이고 말게 했다. 닭을 미끼로 쓰면 살쾡이는 틀림없이 그 다음날 밤 자기가 먹다 남겨놓은 닭을 먹으러 왔다가 그 덫에 치였다.

어느 날 밤이었다. 새벽 한시쯤 되었을까. 잠결에 오리들이 '푸드덕, 꽥꽥' 하는 소리를 듣자마자 큰방에서 주무시던 아버지가 문을 박차고 나오며 크게 고함을 지르셨다. 살쾡이가 온 것이다. 나도 어머니도 깨어 불을 밝히고 오리집으로 가보았더니, 아니나 다를까 오리 세 마리가 금방 죽어 나자빠져 있었다. 우리는 부아가 머리끝까지 치밀어올랐다. 불을 밝혀 들고 뒷산으로 통하는 길을 보았으나 오리털은 떨어져 있지 않았다. 오리집에 와서 죽은 오리까지 세어보니 오리 숫자는 맞았다. 그런데 그놈이 어디를 어떻게 물어버렸는지 피 한 방울 흘리지 않은 채 멀쩡한 오리 세 마리가 죽어 있었다. 아버지는 즉시 죽은 오리로 덫을 놓았다. 오리집 문을 살짝 열어둔 채 거기다 쇠로 만든 덫을 놓고 은폐한 다음, 오리집에 죽은 오리를 놓아두었다. 요놈이 오리를 죽여놓고 가져가지 못했으니 새벽녘엔 틀림없이 온다는 것이었다. 우리는 덫을 놓고 다시 잠을 잤다.

나는 새벽에 소변이 마려워 눈을 떴다. 덫 생각이 나서 오리집이 있는 두엄자리로 가 막 소변을 보려고 폼을 잡는데 두엄자리 구석에서 두 개의 푸른 불빛이 나를 쳐다보았다. 섬뜩했다. 호랑이가 산에서 불을 켜고 돌아다닌다는 이야기를 많이 들었기 때문이다. 산짐승들은 대개 밤에 많이 활동하는데 모두 한결같이 눈에서 빛을 발한다고 했다. 숱하게 들어온 이야기였다. 이런 생각들이 머릿속을 스치고 있는데 "쉬이익—" 하는 소리가 그 불빛에서 새어나왔다. 나는 움칠 뒤로 물러섰다. 그 불빛이 다시 "쉬이익—" 소리를 내며 움직였다. 나는 그제야 그놈의 살쾡이가 덫에 걸린 것이로구나 쾌재를 부르며 아버지를 불렀다. 아버지는 작대기를 찾아 무조건 두들겨 패서 살쾡이를 죽여버렸다. 죽은 살쾡이는 쥐덫 같은 큰 쇠덫에 앞발이 덜커덕 걸려 있었다. 살쾡이는 큰 고양이보다 약간 더 커 보였는데 영락없이 치타 같은 모양의 털무늬를 가지고 있었다. 아버지는 살쾡이 껍질을 벗겨 말리고, 고기는 한 냄비 가득 야무지게 볶아먹었다. 살쾡이 고기는 무지무지하게 연했다. 입안에 들어가면 살살 녹았다. 뼈는 몹시도 억셌다. 우리 식구들은 오리 고기 대신 살쾡이 고기를 먹고 오리는 팔았다.

⋯

　사냥 중에서 가장 재미있고 즐거운 사냥은 뭐니뭐니해도 토끼 사냥과 노루 사냥이었다. 토끼나 노루는 사냥을 해서 잡을 뿐 아니라 올가미를 놓아서 주로 많이 잡았다. 아버지 나이의 어른들 세계에서는 아버지의 노루 사냥이나 토끼 올가미 사냥을 따를 사람이 없었다. 아버지는 일솜씨 이외의 잡스러운 손재주는 없었다. 못 하나 박고 토끼장 하나 만드는 데도 그렇게 애를 먹고, 만들어놓고 나면 영 이게 아닌데 할 정도로 솜씨가 없으셨다. 아버지가 토끼장이나 돼지우리를 지어놓은 것, 또는 망태나 덕석을 만들어놓은 것을 보고 웃지 않는 사람이 없었다. 노래를 한다거나 춤을 춘다거나 심지어 농악판에도 절대 끼어들지 못하셨다. 술은 한 잔도 못 드셨다. 그런데 토끼 올가미나 노루 올가미 하나는 요샛말로 '끝내주게' 만드셨다. 어디에 어떻게 올가미를 놓는지 나무하러 가신 날은 어김없이 나뭇짐 위에 토끼나 노루를 척 얹어왔다. 그런 날은 토방에 툭 던지며 "오늘도 한 마리 잡았구만" 하고 어머니에게 득의만만한 표정을 지으셨다. 어떤 날은 앞산에서 멧돼지 한 마리, 노루 두 마리를 뒹굴리며 내려와 동네 사람들을 놀라게 하셨다.
　토끼 올가미나 노루 올가미를 놓아서 토끼나 노루를 잘 잡는 비

결은 토끼나 노루의 생태적 특성을 잘 이용할 줄 아는 동물적 감각이었다. 토끼 올가미는 주로 옛날 전깃줄로 만들었다. 옛날 전깃줄은 겉에 비닐을 입혔고 속에는 가는 철사가 있었다. 나중엔 가는 철사만 사용했다.

  토끼가 잘 다니는 길목에 토끼 올가미를 놓는 방법은 두 가지였다. 토끼는 언제나 다니는 길만 다니는 습성을 가진 동물이다. 그래서 산에 가면 토끼 길이 어렴풋이 나 있게 마련이다. 토끼똥이 있고 작은 풀잎들이 넘어져 있는 작은 토끼 길에는 늘 칡이나 풀을 갉아먹은 흔적이 있다. 토끼는 또 귀소 본능이 유난하다. 토끼 길을 발견하면 토끼가 다른 길로, 아니 다른 곳으로 샐 만한 틈이 없는 좁은 길목에 올가미를 놓는데, 올가미를 놓은 부근은 토끼가 그 올가미로 그냥 쭉 계속 오도록 알게 모르게 솔잎이나 나뭇가지들을 꺾어 길을 또렷하게 다듬어놓는다. 그리고 결정적인 장소에서 토끼가 올가미에 고개를 들이밀고 목이 걸리도록 올가미를 숨겨놓으면 영락없이 걸려든다. 올가미는 누구나 쉽게 놓을 수 있다. 그런데 다른 한 가지 방법은 그리 만만치 않다.

  이 방법은 '후리체'라고 했는데, 아주 독특했다. 후리체로 토끼 올가미를 놓는 장소도 토끼가 잘 다니는 길목이기는 마찬가지다. 두께가 작대기보다 가늘고, 길이는 작대기만한 나무를 토끼 길목에 단단히 꽂고 그 막대기 끝에다 올가미를 매단 다음 막대기를 활처럼 휘어놓는다. 토끼가 지나가다가 올가미 속으로 들어가 목이 걸려 뛰어오르면 올가미가 땅에서 떨어지며 막대기가 반듯하게 일어서게 된다. 올가미에 목이 걸린 토끼는 마치 서부 영화에서 볼 수 있는 줄에 매달린 사형수 꼴이 되어 대롱대롱 매달린다. 아무리 발버둥을 쳐봐야 허공이어서 꼼짝없이 매달려 죽는다. 이 방법은 상당한 기술이 필요해서 아무나 놓지 못했다.

이 토끼 올가미를 가장 잘 놓은 사람은 역시 윤환이와 용조 형이었다. 용조 형은 꿩도 올가미를 놓아서 잡는 사람이었다. 어느 해에 꿩 올가미를 놓았는데 눈이 오래도록 많이 와서 올가미 놓은 곳에 가지 못하다가 눈이 녹자 그곳으로 나무를 하러 갔다. 그런데 꿩이 올가미에 걸린 지 하도 오래되어서인지 살은 다 썩어 어디로 가버렸고 털만 수북했는데 헤쳐보니, 아, 글쎄 꿩의 목이 올가미에 걸려 있고 뼈들이 원래 모양 그대로 고스란히 남아 있었다. 겨울이 되면 산 곳곳에 토끼 올가미, 노루 올가미 들이 놓였다. 남이 놓아둔 올가미에 토끼나 노루가 걸려 있어도 사람들은 여간해서는 건드리지 않았다. 그것은 서로의 깨끗한 약속이었다.

토끼 목매(여기 사람들은 올가미를 그렇게 불렀다)나 노루 목매보다 재미있고 신나는 것은 눈 온 다음날 눈 그친 산에서 하는 토끼몰이였다. 눈이 엄청나게 내리면 토끼나 노루 들이 움직이지 않고 한번 집 잡아든 곳에서 배가 고플 때까지 머문다. 눈이 며칠간 계속 퍼

부으면 모를까 큰 눈이 한 이틀쯤 내리면 가만히 숨어 있다가 눈이 뚝 그치고 해가 들면 슬금슬금 밖으로 나와 먹이를 찾는다. 눈이 온 날 아침엔 산에 가봐야 새 발자국 토끼 발자국 하나 없다가도 저녁 나절이나 그 이튿날 산에 가보면 짐승들의 발자국을 발견할 수 있다. 그때부터 본격적으로 사냥이 시작된다.

  온 산천이 하얀 눈으로 눈부시게 뒤덮인 날, 동네 청년들이 모두 작대기를 들고 고무신을 새끼로 칭칭 동여매고 마을 앞에 모여 잠시 장소를 정하고 그에 따른 대책회의를 가진 뒤 산을 타기 시작한다. 조반 먹고 바로 산에 가야 토끼들이 새벽에 돌아다닌 새 발자국을 찾을 수 있기 때문에 될 수 있으면 해가 뜰 때 가야 한다. 산을 에 워싸고 "우우―" 소리를 지르면 어디선가 토끼가 뛰는 것이 보인다. 그러면 토끼를 처음 본 장소에다 사람을 하나 배치해두고, 그 부근 토끼 길목에 올가미를 놓는다. 나머지 사람들이 토끼를 몰아 토끼가 지쳐 기진맥진할 때까지 쫓다보면 토끼는 틀림없이 처음 튄 자리로 돌아온다. 그건 확실하고 틀림없는 일이었다.

  한번 쫓기 시작한 몰이꾼들에게 붙잡히지 않는 토끼는 거의 없었다. 제자리로 돌아오기 전에 어디에선가 반드시 잡히고 만다. 토끼는 도망가다 지치면 조그마한 바위 속이나 바위틈으로 들어간다. 큰 바위 속으로 들어가면 근방에서 나무를 해가지고 솔가지와 함께 태워서 그 바위틈으로 연기를 피워 넣는다. 그 굴속에서 배겨내는 토끼는 한 마리도 없다. 매운 연기에 질식하기 직전에 토끼는 다른 구멍이나 들어간 구멍으로 튀어나오게 마련이다. 연기를 먹고 정신없이 튀어나오는 토끼를 지키고 있다 작대기로 두들겨 패면 된다. 토끼가 쫓기다 너무나 다급하여 그냥 머리만 아무 데나 쑤셔박고 할딱거릴 때는 때릴 것도 없이 그냥 토끼 꼬리를 들어올리면 된다. 헬렐레 지친 토끼를 들어올려 눈을 보면 웃지 않을 사람은 아무도 없다. 짓궂은 사람들은 그렇게 머리만 박고 있는 토끼 엉덩이를 힘껏 걷어차기도 한다. 동네 청년들이 그렇게 한번 토끼몰이, 토끼사냥을 나가면 예닐곱 마리씩 거뜬히 잡아 둘러메고 의기양양해져 돌아온다. 허탕을 친 적은 없다.

재수가 좋은 날은 노루도 잡을 수 있는데, 대개 윤환이와 용조 형이 끈덕지게 추적하여 잡았다. 노루는 대단히 빠르고 멀리 도망가기 때문에 산을 몇 개씩 타고 넘으면서 발자국을 찾으며 쫓는다. 어디까지라도 끈덕지게 쫓으면 노루도 처음 그 자리로 돌아오지만, 영영 놓치는 수가 더 많다.

노루를 잡을 때는 골짜기로 몰아넣어야 한다. 험한 골짜기 가시덤불이 있는 곳으로 노루를 몰아넣는데, 만약 노루가 칡덩굴이 우북하게 우거진 덤불로 잘못 뛰어들면 그 노루는 끝장이 난다. 눈이 쌓여 있는 가시덤불 위로 훌쩍 뛰어든 노루는 네발이 가시덤불 속 허공에 둥 떠서 다시는 뛰지 못하고 꼼짝달싹 못한 채 그 자리에서 허우적거리는데, 그때 잡으면 된다. 극히 드문 경우이긴 하지만 간혹 그렇게 노루를 잡을 때도 있어 노루를 보았다 하면 늘 골짜기로 몰아넣으려 했다. 노루는 뛸 때 바로 앞을 보고 뛰는 게 아니고 먼 곳을 보며 뛰다가 우뚝 서서 뚤레뚤레 방향을 잡아 뛰곤 하기 때문에 그 성질을 이용해서 가시덤불로 몰아가는 것이다.

  아무튼 토끼를 잡아온 날 밤엔 술을 받아다 토낏국 잔치를 벌이고 논다. 고기는 다 먹고 가죽은 잘 말려 팔기도 한다. 노루 가죽은 기름기를 다 빼내고 잘 말려서 소매독(오줌통)에다 오래오래 담가 다시 기름기를 완전히 삭힌 다음, 장구 궁굴통을 만드는 데 쓴다. 열채는 개가죽으로 만든다. 토끼 가죽도 그렇게 다듬어서 소고를 만든다. 꿩 먹고 알 먹고가 아니고 토끼 먹고 소고 만들고……

딱꿍총과 새끼노루

 나는 그 딱꿍총의 정식 이름을 모른다. 우리가 딱꿍총이라 이름 붙인 그 총은 쏠 때 '딱꿍' 하는 소리가 났다. 그래서 그렇게 불렀다. 그 총은 우리 집 부엌 천장의 구렁이를 잡은 총이기도 하다. 이 딱꿍총은 총알이 한 방밖에 장전이 안 된다. 이렇게 말하면 나이가 든 이들은 "아아, 그 총" 할 것이다. 한 발을 장전해서 쏘고 나면 또다른 총알을 장전해야 했다.

 이 총은 우리 동네 앞에 뗏장으로 만든 보루대(토치카, 진지)에 있는 아저씨들이 갖고 있었다. 마치 첨성대처럼 뗏장을 쌓았는데, 모래에는 총을 쏘아도 총알이 들어가지 않는다고들 했다. 짚더미나 이불에 쏘아도 총알이 들어가지 않는다는 이야길 어른들에게 많이 들었다. 그 보루대의 순경인가 군인인가, 군인도 순경도 아닌가, 아무튼 그분들이 딱꿍총을 아버지에게 빌려주기도 했다.

　그땐 동네 앞까지 멧돼지들이 새끼를 데리고 와서 다 된 농사를 망치기 일쑤였다. 어느 날 밤 나는 아버지와 둘이서 동네 앞 우리 고구마밭에 가서 멧돼지가 오기를 기다렸다. 조그마한, 마치 인디언들의 집 같은 움막을 지어놓았는데 그 집 속에서 딱꿍총 한 발을 장전하고 멧돼지를 기다렸다. 밤이 깊어지자 어디선가 꿀꿀꿀 멧돼지 소리가 나더니 저쪽에서 멧돼지가 새끼들을 데리고 나타나는 것이 희미하게 보였다. 아버지는 멧돼지가 가까이 오길 기다렸다가 정조준하고 방아쇠를 당겼다. 총소리가 마을에 진동했지만 멧돼지는 '어머 뜨거라' 날뛰면서 달아나버렸다. 그땐 멧돼지가 많았던지 현철이네 할아버지가 밭에서 일하다 멧돼지의 습격을 받아 온몸이 피투성이가 된 일대 사건이 일어나기도 했다.

　어느 해 초겨울이었던가, 초봄이었던가 잘 기억이 나지 않는다. 저녁판이 되자 아버지는 긴 장대 끝에다 밥을 할 때 쌀을 이는 조리를 매달아 묶더니 같이 가자고 하셨다. 보루대에 가서 딱꿍총을 빌려 멋지게 어깨에 멘 아버지 뒤를 따라 나는 천담 가는 길에 있는 당숙네 논 밑으로 갔다. 거기 큰물이 불 때면 물살이 굽이돌며 세차게 흐르기 때문에 움푹 팬 호수 같은 곳이 있었다. 보통때는 물이 늘 잔잔한 구석이어서 늦게까지 얼음이 잡혀 있는 곳이었다. 그곳에 깨끗한 얼음이 얄포롬하게 얼어 있었다. 그 깨끗한 얼음 속에서 새까만 것들이 천천히 움직이는 모습이 보였다. 한 떼의 피라미였다. 얼음이 얼어도 고기들은 얼음 밑으로 떼를 지어 강기슭 가까이 모여들었다. 겨울철에 고기들은 아주 천천히 움직인다. 겨울철 고기들은 밥을 먹지 않는다. 동면을 하는지 어떤지는 모르겠지만 이따금 그렇게 피라미떼가 얼음 밑에서 무리를 지어 천천히 움직였다. 아버지는 그걸 노리신 것이다.

아버지는 천천히 움직이는 얼음 밑의 고기떼를 향해 방아쇠를 당기셨다. '딱꿍' 소리가 저문 진메 산천을 울림과 동시에 총알이 떨어진 곳의 얼음과 물이 솟구쳤다. 얼음 위로 흰 고기들이 우수수 쏟아져 팔팔 뛰고 있었다. 순간이었다. 순식간에 고기들이 얼음 위에 널브러진 것이다. 고기들은 크고 희고 싱싱하고 깨끗했다. 조리로 천천히 한 마리씩 건져 소쿠리에 담아와 무조각을 썰어넣고 고춧가루를 풀어 끓여서는 큰집, 작은집 어른들이랑 잘 먹었다.

아버지는 잡기가 없으셨다. 그 대신 아버지는 고기잡이, 산짐승 잡기를 잘하셨다. 우스갯소리도 되게 잘하셨다. 하루는 아버지가 산에서 새끼노루 한 마리를 산 채로 잡아오셨는데, 참으로 예쁘고 귀여웠다. 나무로 깎아놓은 것처럼 가슴, 목, 눈, 귀, 다리, 배, 온몸이 한 군데도 나무랄 데 없이 깨끗하게 다듬어져 예뻤다. 지나치게 예쁘고 완벽해서 거짓말 같고 가짜 같았다. 나는 세상에서 그렇게 완벽하게 생긴 동물 새끼를 처음 보았다. 나는 뒷방에다 새끼노루를 키워보겠다고 아주 좋은 씨앗동(왕고들빼기)이라는 풀이나 연하디 연한 칡잎을 따다주었지만 새끼노루는 거들떠보지도 않았다. 이따금 이상한 소리로 울기만 했다. 밤이 되자 놀랍게도 어미노루가 바로 집 뒤란까지 와서 울었다. 노루의 울음은 언제 들어도 슬프지만, 그때 그 노루의 울음은 정말로 슬펐다. 한 사나흘쯤 집에 두어보았지만 새끼노루는 울기만 하고 먹이를 먹지 않아 나는 놓아주기로 결심했다. 학교에 갔다 와서 저물녘에 뒷산으로 새끼를 안고 갔다. 저만큼 어둑어둑한 곳에 어미가 우두커니 서서 나를 보고 있었다. 새끼는 어미를 보았는지 발버둥을 쳤다. 나는 품에서 가만히 새끼를 땅에 내려놓았다. 새끼는 좋아라 얼른 저만큼 서 있는 어미에게 뛰어가더니 서로 몸을 비볐다. 그러더니 흘끗 나를 한번 쳐다보면서 새끼는 어미와 함께 어두워지기 시작한 산속으로 가버렸다. 꼭 영화에서 '끝' 자가 보이고 잠깐 어둠이 오듯 그렇게 사라져버렸다. 내 안막엔 지금도 나란히 걸어 산속으로 사라지던 그 어미노루와 새끼노루의 모습이 박혀 있다.

딱꿍총은 우리 집하고 늘 인연이 있었다. 어느 해 빨치산이 총알 없는 빈총으로 우리 집에 와서 아버지를 협박할 때도 빨치산의 총은 딱꿍총이었다. 지금도 생생하게 귓전을 울리는 그 딱꿍총 소리. 그리고 눈을 감아도 떠오르는 새끼노루와 어미노루.

닭 잡아먹고 꿀 베기

닭은 오래전부터 농민들과 한 식구였다. 닭은 마당에 흘린 낟알을 주워 먹고 자랐으며 시간을 알려주는 시계 노릇을 했다. 한가한 겨울날이나 봄날엔 닭싸움을 붙여 마을 사람들의 일상에 생기를 불어넣기도 했다. 시골 마을의 닭싸움은 유명했다. 수탉은 대개 자기 집 암탉을 거느리고 아침이면 텃논이나 텃밭으로 먹이 구역을 넓힌다. 그리고 일정하게 자기 구역을 정해두고 그 지역을 다른 수탉이 침범하지 못하게 한다. 수탉은 대개 열다섯 마리 정도의 암탉을 거느릴 수 있다고 한다. 상당히 많은 암컷을 거느리는 것이다. 수탉은 자기와 한집 닭뿐 아니라 힘이 세면 다른 집 암탉도 더러 차지했는데, 그럴 때 싸움이 벌어지고, 또 구역 침범 때 싸움이 벌어진다. 사람들은 이러한 닭의 성질을 이용해 이 집 저 집 닭을 슬슬 한곳으로 모아 싸움을 붙였다.

 닭싸움은 그야말로 사생결단 피투성이 싸움이다. 닭들은 끝까지 싸운다. 한참 싸우다 지치면 피투성이가 된 몸으로 할딱이며 휴식을 취하다가 또 싸움을 시작한다. 싸움을 하다 죽은 수탉을 종종 볼 수 있는데, 그만큼 닭싸움이 치열함을 보여주는 것이다. 한참을 싸우다 지쳐 사람들이 말리거나 잡아도 막무가내로 싸움을 새로 시작하고 덜 끝난 싸움은 이튿날까지 연장하여 승부의 끝장을 보았다.

 "달걀 하나로 기와집 짓는다"는 말이 있다. 달걀 하나로 병아리를 까서, 병아리가 어미가 되어 알을 낳고, 그 알로 다시 여러 마리의 병아리를 깬 다음 그 병아리를 키우고, 또 알을 낳아 병아리를 깨다 보면 닭이 수십 마리로 불어난다. 그 닭을 팔아 돼지를 사고 그 돼지가 커서 새끼를 낳으면 그 새끼를 키워 팔아 소를 산다. 소가 커서 새끼를 낳고 또 낳으면 그 소들을 팔아서 기와집을 짓는다는 것이다. 좀 허황된 이야기 같지만 없는 살림살이에 닭은 그만큼 살림 밑천이었다. 실제로 옛날 농촌에서 장날이면 계란을 짚으로 예쁘게 싸고 닭 두어 마리를 보자기에 싸서 장에 가는 모습은 아주 흔했다.

 내가 초등학교를 다닐 때도 집에 돈이 없으면 달걀 하나를 들고 가게에 가서 연필이나 공책 따위와 바꾸기도 했다. 책보 속에서 달걀이 깨져버리거나, 호주머니에 달걀 넣은 것을 잊어버리고 장난을 하다 깨뜨리고 어머니에게 엄청 혼난 기억이 없는 사람은 아마 현금이 있는 부잣집 아이였을 것이다.

닭서리는 농촌 사회에서 오랫동안 내려오는 즐거운 놀이 중 하나였다. 모든 서리가 그렇듯이 다 알고도 모르는 척 화를 내다가 유야무야되고 서로 이해하게 되는 미풍양속의 하나였다. 기나긴 겨울밤을 보내기 위해서, 그 기나긴 겨울밤의 출출한 배를 채우기 위해서 남의 집 지붕의 감 내려다 먹기, 남의 집 뒤주에서 곶감 내다 먹기, 남의 집 무구덩이에서 무를 내다가 깎아먹기 등도 있었지만, 제일 재미있는 것은 역시 닭서리였다. 통통하고 기름기 잘잘 흐르는 닭서리야말로 서리 중의 서리였다.

닭서리를 하러 이웃 마을까지 원정을 가기도 했다. 이웃 마을로 원정을 가서 닭서리를 할 땐, 그 집의 구조와 닭장의 구조, 생김새 등을 미리 관찰해두고 닭을 눈여겨본다. 적당한 날 밤이 되면 청년 대여섯 명이 저녁을 일찍 먹은 뒤 슬슬 모여 이웃 마을로 간다. 닭서리는 닭을 어떻게 소리 없이 잡느냐에 그 성패가 달려 있다. 일단 소리 없이 잡아야 하는 것이다. 닭장에서 소리 없이 닭을 잡는다는 것은 대단한 기술과 배포가 없으면 하기 힘든 작업이다. 평소에 보아두었던 서리할 집이 가까워지면 배포 있고 늘 닭을 잡아 닭잡이에 능숙한 용조 형이나 윤환이가 꼴마리(바지 속)나 양 겨드랑이 속에 두 손을 푹 찌르고 걷는다. 두 손이 따뜻해지도록 말이다. 그리고 한 놈은 재빨리 작대기를 찾아서 방 문고리에 받쳐놓는다. 닭을 잡는 도중 닭소리에 주인이 뛰쳐나오는 것을 더디게 하기 위해서다. 아니면 문을 밖에서 잠가두기도 한다. 또 한 놈은 측간으로 가서 오줌통을 가져다 신발 댓돌에 가만히 놓는다. 몇 놈은 마을 여기저기 망을 보고.

그렇게 이웃 마을로 닭서리를 간 어느 밤이었다. 닭 잡는 기술자인 용조 형과 윤환이가 닭장 가까이 다가갔고 우리는 각자 맡은 일들을 쉬쉬, 척척 끝냈다. 맡은 일이 다 끝났다는 신호가 가자 용조 형이 서서히 닭장 문을 열고 안으로 손을 들이밀었다. 꼴마리 속에서 따뜻해진 손을 천천히 닭의 죽지 밑으로 집어넣어 죽지와 닭 모가지를 함께 꽉 잡아 쥐면 되었다. 우리는 숨 막히게 용조 형의 행동을 응시했다.

어, 근데, 일이 이상하게 돌아가는지 꼬꼬꼬 닭들의 소리가 들리는가 싶더니 용조 형이 몸을 깊숙이 닭장 속으로 들이밀었다. 닭이 잘 잡히지 않는 모양이었다. 시간이 조금 지체되자 우리는 바짝 긴장했다. 옆에 서 있던 윤환이가 닭장 문을 뜯어내는 듯했다. 그러더니 용조 형이 몸을 더 깊숙이 닭장 속으로 밀어넣었다. 그때 꼬꼬꼬거리던 닭들이 후닥닥 놀라며 크게 꼬꼬댁 소리를 질렀다. 화닥닥 놀란 우리는 번개처럼 튀었다.

그와 동시에 "도둑이야!" 소리가 들리더니 두어 번 방문이 흔들리다가 마루로 나오는 소리와 함께 어이쿠! 오줌통 엎어지는 소리가 들렸다. 우리는 뭣이 빠지게 뛰면서도 웃음이 나왔다. 닭 주인은 정신을 가다듬었는지 "도둑이야" 하고 소리를 지르며 우리 뒤를 쫓았다. 우리는 약속대로 우리 마을과 정반대 방향으로 뛰어 산속으로 숨어들었다. "닭도둑이야"를 외치며 한참을 뒤따라오던 닭 주인은 지쳐 포기했는지 소리가 더이상 들리지 않았다. 우리도 지쳐서 숨을 할딱이며 옛날 피란 시절에 쓰였던 웅덩이 안으로 들어가 가쁜 숨을 몰아쉬면서 서로의 얼굴을 확인했다. 모두 땀으로 얼굴이 다 젖어 있었다. 멀리 강물이 어스름 달빛 아래 하얀 배를 보이고 있었다. 그러고 있는데 어디서 닭소리가 나는 게 아닌가. 우리는 놀라 서로 마주보았다. 그때 용조 형이 히히 웃으며 무엇인가를 우리 얼굴에 들이밀었다. 닭이었다. 그 다급한 순간에도 형은 닭을 버리지 않고 끝까지 들고 뛰었던 것이다. 용조 형은 '히─' 웃고 우리는 배꼽을 쥐고 웃었다. 성공이었다. 닭은 볏이 축 처지고 살이 통통하게 찐 묵직한 수놈이었다. 달빛에서도 볏이 붉어 보였다. 우리는 그 자리에서 닭털을 뜯었다. 아주아주 깨끗하게.

 닭털을 뜯으며 용조 형은 말했다. 닭을 잡으려고 하는데 닭이 자꾸 홰를 타고 안으로 들어가기에 윤환이가 닭장 문을 뜯자는 눈치를 보내더란다. 그러라고 해서 윤환이가 닭장 문을 뜯고는 몸을 닭장으로 푹 집어넣었더니 닭다리가 잡히더라는 것이다. 닭다리를 잡고 슬슬 죽지께로 손을 더듬어 올리다가 이놈의 닭이 더 깊숙이 들어가는 바람에 에라 모르겠다. 닭을 움켜쥐었는데 그만 목이 잡히지 않아 닭이 소리를 질렀고 다른 닭들까지 놀라 소리를 치더라는 것이다. 이 다급한 순간에도 형은 닭을 놓지 않겠다는 생각으로 단단히 닭을 쥐고 뛰었다는 것이다.

닭을 잡기 전에 꼴마리나 양쪽 겨드랑이에 손을 넣어 손을 따뜻하게 하는 이유는 갑자기 찬 손이 닿으면 닭이 놀라 소리를 지르지만, 따뜻한 손이면 옆의 닭인 줄 알고 가만히 있기 때문이다. 그렇게 따뜻해진 손으로 닭을 서서히 더듬어 올라가 닭 양쪽 날개를 잡아쥐고는 목을 향해 손을 올려 순간적으로 양 죽지와 목을 한꺼번에 꽉 움켜쥐면 닭은 꼼짝달싹도, 꽥 소리도 못하고 잡힌다. 용조 형의 이야기를 들으며 집으로 돌아온 우리는 우리 손으로 잡은 닭을 직접 양념하고 불을 때서 삶아 맛나게 뜯어먹었다. 아, 그 밤, 입에 번들거리던 그 기름기. 흐뭇한 성취감과 배부른 밤. 그런 다음 그 자리에서 그냥 아무렇게나 쓰러져 잤던 편안한 잠자리.

우리의 닭서리는 '때와 장소를 가리지 않고' 계속되고 반복되고 발전을 거듭했으며 대담해졌다. 용조 형이나 우리 또래들이 한창 물불 안 가릴 열일고여덟, 스무 살 고개를 넘으면서는 닭서리뿐 아니라 곶감 내려다 먹기, 여름밤에 옥수수 꺾어다 쪄먹기, 고구마 캐다 쪄먹기 등 들판과 집에 있는 먹을 것이라면 모두 서리의 대상이 되었다. 말썽도 끊임없이 일어나고 이웃 마을까지 소란했지만 그러다 말았고, 잠잠해지면 우리는 또 서서히 그 '짓'을 해냈다.

여름에 닭 잡아먹기는 식은 죽 먹기로 서리 중에서도 제일 쉬웠다. 말썽의 소지도 극히 드물었다. 그도 그럴 것이 여름이면 온 동네 보리들을 모두 강변으로 가져가 보리타작을 했기 때문이다. 그때만 해도 밭이란 밭, 논이란 논엔 모두 보리를 갈았기 때문에 집집이 보리가 많았다. 이 논 저 밭 보리는 모두 져 날라 강변에 쌓아두었다가 모내기가 끝난 다음 타작을 했다. 타작은 발동기를 이용하는데 몇 날 며칠 동안 계속되었다. 그 뜨거운 여름날 보리를 타작하는 것은 엄청나게 힘든 일이었다. 발동기 돌아가는 호롱기(탈곡기) 속에서 빠져나간 보릿대와 그 까끄라기들이 온통 먼지가 되어 사람을 뒤덮었다. 곤욕 중에서도 상곤욕이었다. 코, 입, 귀, 머리, 옷 속 할 것 없이 몇 시간 만에 온통 보리 까끄라기와 먼지투성이가 되었다.

그렇게 타작을 한 보릿대를 강변에 수북수북 쌓아두었다. 당장 별로 필요하지 않았기 때문에 보릿대를 어떻게 처리하지 못한 것이다. 어떤 집에선 나무가 떨어져 그 보릿대로 불을 때기도 했고, 어떤 집은 외양간에 넣어 거름으로 장만도 했지만, 짚처럼 꼭 필요한 것은 아니어서 그냥 강변에 놓아두면 큰물이 나갈 때 보기 좋게 둥둥 떠내려가기도 했다. 큰물에 떠내려가는 보릿대 위엔 꼭 커다란 구렁이나 다른 뱀 들이 여러 마리씩 있었다.

아무튼 그 보릿대를 무더기 무더기 강변에 쌓아 방치해두면 영계를 지난 동네 닭들이 모두 보릿대 더미로 달려들어 하루 내내 보리알을 주워 먹으며 놀았다. 닭들은 보릿대 속으로 깊이 머리를 박고 보리알을 찾았다. 사람이 옆에 가도 막무가내로 보릿대 속에 머리를 집어넣고 보리알을 찾는 것이다. 이때를 놓치지 않고 우리는 살며시 닭을 그냥 손으로 눌러 목을 약간 비틀어 날갯죽지 밑으로 집어넣고는 보릿대로 대충 덮어두었다. 닭은 꼼짝달싹도 못하고 밤이 될 때까지 보릿대 속에 숨겨져 있다가 밤이 되면 우리는 그 닭을 가지고 마을에서 멀리 떨어진 벼락바위에서도 한참 떨어진 새말 벼락바위로 가 삶아먹었다.

그 새말 벼락바위 음침한 곳에다 아예 헌 양은솥단지와 왕소금을 비축해두었다가 닭이 잡히면 바로 삶아 소금을 찍어 먹었다. 영계나 영계를 조금 지난 닭들은 어찌 그리 맛있던지. 우리는 가다 죽어도 쩨쩨하게 한 마리는 절대로 잡지 않았다. 사람 숫자가 대여섯 명이 더 넘었으므로 어떤 때는 서너 마리씩 잡아오기도 했다. 배가 부르면 대충 뜯어먹고 솥 안에 고기를 넣어두었다가 그 이튿날 소꼴을 베러 와서 다시 데워먹었다. 그때의 닭맛이 더 꼬소롬했다.

그때만 해도 집집이 닭이 많기도 했다. 한여름이라 사람들은 닭에 대해서 별로 신경 쓸 새가 없었다. 그냥 밤이면 닭장 문을 닫는 둥 마는 둥 했다. 또 여름철엔 살쾡이도 내려오지 않아 더욱 닭 관리가 허술했다. 그 허술한 틈에 우리는 네 닭 내 닭이 없이 잡아다가 삶으면서, 소꼴을 망태 가득 바작 가득 일찌감치 베어놓고 닭다리를 잡고 뜯었던 것이다.

참새, 멧새, 꿩 잡기

저녁밥을 지으려고 어머니가 쌀을 까불면 헛간이나 울타리에 앉아 어머니가 쌀 까불기만 기다리던 참새들이 키소리를 따라 한두 마리씩 푸릉푸릉 날아 마당으로 내려와, 이 눈치 저 눈치 보며 어머니가 흘린 쌀 낟알을 주워 먹었다. 어머니가 쌀을 다 까불어 부엌으로 들어가시면 우리는 얼른 커다란 대소쿠리를 가지고 마당으로 나가 소쿠리를 엎어놓고 새끼줄을 길게 매놓은 막대기로 소쿠리를 받친 쌀 몇 알을 소쿠리 속에 흘려두었다. 그런 다음 막대기와 이어진 새끼줄을 끌고 방으로 들어가 문구멍으로 밖을 내다보며 한 손으로는 소쿠리까지 뻗댄 새끼줄을 꼭 쥐었다. 침을 꿀꺽꿀꺽 삼키며 소쿠리 속으로 저 약아빠진 참새란 놈이 쌀의 유혹을 뿌리치지 못하고 자기도 모르게 들어서길 기다리는 것이다. 어쩌다 넋 나간 참새가 그 속으로 뛰어드는 순간 재빨리 새끼줄을 잡아당겼다. 그러면 소쿠리가 땅에 닿으며 참새가 그 안에 갇혔다. "와, 잡았다!"

참새는 그렇게 잡았다. 참새는 사람과 늘 가까이 살아 사람을 보는 눈이 다른 짐승들과 달라 매우 눈치가 빨랐다. 그래서 참새를 잡는 일은 여간 힘든 일이 아니었다. 통발로 겨울철에 참새를 잡기도 했지만 한번 그런 짓을 하면 참새들은 집에 잘 들어오지 않았다. 반면에 멧새는 주로 산 아래 논가나 논두렁에 살아서 사람과 접촉이 많지 않아 눈치가 무디다.

멧새는 겨울철에 많이 잡는데, 그 멧새 잡기가 여간 재미있는 게 아니다. 멧새는 여간해서 마을 가까이 오지 않는다. 더구나 집 안으로 날아드는 일은 거의 없다. 마을 앞까지도 날아오지 않는 새가 멧새다. 멧새는 참새만한데 꼬리가 조금 길며 머리에 약간 노란 것이 닭볏처럼 나 있다. 자세히 보면 예쁘게 생겼는데 울음소리도 예쁘다. 이 멧새가 마을 가까이, 집 뒤란까지 날아오는 때가 있는데, 바로 눈이 많이 올 때다. 며칠간 눈보라가 치고 폭설이 내려 온 세상을 하얗게 덮어버리면 모든 짐승들이 먹을 게 없어 마을 가까이 내려오는데, 제일 먼저 내려오는 새가 멧새다.

이 멧새가 특유의 울음소리로 눈 위로 나온 마을 앞 고춧대 위나 쓰러진 옥수숫대 위에 날아와 먹을 것을 찾거나 짚을 쌓아둔 옆, 눈

없는 곳에 붙어 울기 시작하면 우리는 재빨리 멧새 잡는 '차시'를 만들기 시작했다. 차시는 우리가 만들어 사용했던 일종의 새덫이다. 새차시는 대나무와 닥나무 껍질을 벗긴 닥채 막대기로 만든다. 차시라고도 하고 차꾸라고도 했다. 이 차시를 가지고 집 앞 텃논이나 뒤란 울타리로 가서 눈을 대충 쓴 다음 지푸라기를 여기저기 흩뿌려두면 틀림없이 멧새들이 꼬인다. 세상은 온통 하얀 눈이어서 어디 앉을 자리가 없는데 지푸라기가 눈 위에 있으니 얼마나 좋은 장소인가 말이다. 지푸라기에 앉아 놀던 멧새는 차시에 매달린 미끼인 나락 모가지를 보게 되고 자연히 새차시 위로 올라가 미끼를 건드리기만 하면 활줄이 사정없이 본래대로 내려오면서 새의 목이 걸린다. 모가지는 가늘고 머리는 크니 도저히 빠져나오질 못한다. 여지없이 차시에 치인 멧새는 조금 퍼덕거리다 죽고 만다. 눈이 며칠씩 내려 많이 왔다가 그친 날은 새차시를 여러 개 만들어 순식간에 몇 마리씩 잡아 구워먹는다. 멧새고기도 참새고기 못지않게 맛이 있다. 그런데 이 새차시에 참새는 절대로 걸려들지 않는다. 새차시로 참새를 잡은 기억이 내겐 없다.

눈이 오면 꿩을 잡기도 하는데, '싸이나'라는 하얀 극약 덩어리를 모두들 어디서 구했는지, 이 극약을 가루로 내어 노란 콩에 구멍을 파서 집어넣고 촛농으로 감쪽같이 구멍을 막았다. 그런 다음 눈이 두껍게 쌓인 양지바른 밭에 가서 눈을 쓸고 주먹만한 돌멩이 위에 극약이 든 콩을 두어 개씩 놓아두었다. 어디 앉을 데조차 없어하는 꿩들이 그 흙 위에 앉아 놀다가 콩을 주워 먹는데, 그렇게 콩을 주워 먹은 꿩은 순식간에 높이 솟아오르다가 직선으로 툭 땅에 떨어져 죽었다. 이 꿩 잡기는 눈 온 날 우리 모두가 즐겼던 놀이 중 하나였다. 꿩고기는 담백하고 시원했다. 무를 뿌려넣고 하얗게 끓여먹었다.

물오리
집오리

고등학교를 졸업하고 나는 오리를 키웠다. 집 앞이 바로 강인지라 사료가 들지 않을 것 같아서였다. 고등학교를 졸업하자마자 나는 담양에 가서 오리를 사왔다. 오리 부화장 주인은 내가 100마리를 샀는데 105마리를 주었다. 어찌나 교과서적으로 오리를 키웠는지 오리가 다 클 때까지 한 마리도 죽이지 않고 105마리를 쪼르륵 다 키워냈다.

오리는 무지무지 먹고 무지무지 잘 크는 짐승이다. 무엇이든 잘 먹어치웠다. 먹는 것도 그냥 먹는 것이 아니라 밥통을 다 채우고 입 아귀까지 꽉 차야 그만 먹었다. 무엇이든지 목줄기까지 채웠다. 무서운 욕심이어서 먹을 땐 가서 손으로 꼬리를 잡아도 꿈쩍하지 않앉다. 목을 조금만 꽉 잡으면 먹은 게 입으로 게워져 나왔다. 냇가에 있는 다슬기를 통째로 그냥 주워 먹는데 저녁나절 집으로 들어올 때 보면 위 안에 든 다슬기 때문에 무거워서 잘 걷지도 못했다. 잡아서 밥통을 만져보면 다슬기가 빠각빠각거리며 입으로 나왔다.

나는 아침에 약간의 사료를 주고 오리들을 밖으로 내보냈다. 냇물로 나간 오리들은 하루 내내 냇가 이 구석 저 구석을 다 뒤져 다슬기며 물풀이며 고기들을 잡아먹었다. 물이 불어나면 온갖 벌레들, 개구리, 지렁이를 다 뒤져 먹고 풀씨들을 다 훑어 먹어치웠으며 냇가에 널어둔 감쪼가리나 나락 고추를 쭉쭉 훑어 먹어치우고 순식간에 소화를 시켜버렸다.

오리가 하도 잘 커서 나는 오리 200마리를 더 사서 키웠다. 그 욕심 때문에 나는 망했고 논을 두 마지기나 잃어버렸지만 말이다. 오리를 키우며 어머니와 용만이와 나, 우리가 했던 지긋지긋한 고생은 생각하기도, 여기 옮기기도 싫다.

오리들은 집단생활을 한다. 무리를 지어 노는데 절대 다른 무리에 끼어들지 않는다. 한 무리 속에는 꼭 수놈이 한 마리씩 끼어 있는데 이놈이 수령이다. 이 수놈의 울음소리에 맞춰 모든 집단행동이 이루어진다. 아침에 사료를 주어 오리를 냇가로 내몰면 징검다리에서 두 패로 쫙 갈라진다. 징검다리 위쪽과 아래쪽으로 갈라진 다음 또 이 패 저 패 끼리끼리 서로 불러서 무리를 만든다. 그래가지고 이

구석 저 구석으로 먹이를 찾아다니는데 강 아래쪽으로 내려간 놈들이 문제였다. 한없이 내려가다보니 진메에서 10리 거리인 천담까지 오리가 내려간 것이다. 저녁판 해 넘어갈 때, 집을 향해 나서다보면 이미 날은 컴컴해진 뒤여서 나는 어머니와 오리를 지키며 몰아 올렸다. 봄 여름 가을은 괜찮은데 한겨울 얼음이 얼 땐 얼음을 깨고 오리를 몰아 올려야 했다. 강 이쪽에서 돌을 던져 오리를 몰면 강 저쪽으로 가버린다. 그래서 언 강을 건너 또 오리를 몰면 저 건너로 가버리는 것이다. 아, 난 질려버렸다. 그중 대장 오리의 '꽥' 소리를 생각하면 지금도 정신이 아뜩해진다.

이렇게 오리를 기르던 어느 겨울날이었다. 그날은 오리들이 해가 넘어가자 일찌감치 집을 향해 여기저기서 징검다리께로 모여들었다. 아마 곳곳에 얼음이 두껍게 얼어 멀리 가지 못하던 때였을 것이다. 오리들은 여느 때처럼 꽥꽥거리며 집을 향해 모여들더니 천천히 땅 위로 올라와서 그 추운 겨울 언 강 속에서도 어떻게 다슬기들을 뒤져 잡아먹었는지 밥통을 철렁철렁거리며 뒤뚱뒤뚱 걸어 들어오고 있었다. 그런데 이상한 오리들이 눈에 띄었다. 집오리도 꼭 물오리처럼 생기긴 했지만 아무래도 좀 달랐다. 물오리가 더 깨끗했고 조금 작았으며 날렵해 보였다. 한 줄로 쭉 서서 집으로 들어오는 오리들 중에 그런 이상한 오리가 섞여 있었던 것이다. 나는 얼른 바위 뒤로 몸을 숨겼다. 직감적으로 저 물오리들이 같이 놀다 뭣도 모르고 지금 우리 집 오리와 함께 집으로 가는구나, 하고 생각했던 것이다.

아무튼 오리들은 뒤뚱뒤뚱 한참을 걷다가 그중 몇 마리가 우뚝 멈춰서더니 고개를 반듯이 세우고 동네 쪽을 바라보았다. 두리번두리번하더니 몸을 낮춰 힘껏 땅을 차고 날아올랐다. 푸다닥푸다닥 대여섯 마리의 오리들이 순식간에 하늘로 날아오르자 이번에는 집을 향하던 우리 오리들이 우뚝 멈추고는 고개를 옆으로 갸웃이 돌려 날아가는 오리들을 쳐다보았다. 참 이상한 놈들도 다 있구나 하는 표정들이었다. 나는 침을 꿀꺽 삼키고 일어섰다. 되게 웃기는 일이었다.

어느 날이었다. 퇴근길에 우연히 큰아버지를 만났다. 강길을 한참 걷고 있는데 하늘에서 쎄쎄쎄 오리 날아가는 소리가 들렸다. 큰아버지가 고개를 들어 날아가는 오리를 보더니 나에게 말씀하셨다.

"용택아, 저그 날아가는 오리 잡으면 얼마나 허겄느냐?"

"글쎄요. 한 오천 원은 안 헐까요?"

"그래, 그러면 말여 내가 천 원에 팔팅께, 저 오리 니가 사가그라."

"큰아버지."

"왜 그냐."

"저는 그냥 오백 원만 주세요."

오리들은 어느새 산 너머로 날갯깃을 반짝이며 사라졌다.

제4부

아름다운 시절

곶감서리

 서리에는 닭서리만 있는 것은 아니었다. 초등학교 때부터 우리는 온갖 서리를 했다. 들판에 있는 무 뽑아 먹기, 고구마 캐 먹기, 하지 감자 캐서 삶아먹기, 보리타작해 먹기, 옥수수 꺾어다 삶아먹기, 남의 집 오이 따먹기, 복숭아 따먹기, 곶감 내려다 먹기 등 이루 헤아릴 수 없이 많았다.

 그중에서도 가을밤 달빛 속을 걸으며 적당히 마른 곶감을 내려다 하나씩 쏙쏙 빼먹는 것은 솔찬히 재미있었다. 가을 저녁이면 집집이 새벽까지 감을 깎았다. 진메 마을에서 감은 살림살이에 상당히 큰 비중을 차지하는 돈벌이였다. 진메 마을 곳곳, 밭가나 산, 집 뒤란이나 어디든 빈 곳만 있으면 고욤나무씨를 받아 묘목을 키워 접을 붙여 감나무를 가꾸었다. 진메 마을엔 다른 감은 잘 열지 않고 또 자라지도 않았지만 먹감은 잘되었다. 곶감 중에서 가장 좋은 것은 먹감으로 깎은 것이었다. 어떤 집은 한 동까지 깎기도 했다. 한 접이 100개고 한 동은 100접을 말하는데, 그 정도면 큰돈이 되었다.

감은 버릴 것이 하나도 없다. 감껍질은 잘 말려 짚더미 속에 넣어두면 겨울철엔 하얗게 옷이 났다. 밀가루 범벅을 해놓은 것처럼 하얀 옷이 난 감껍질은 달고 맛있었고 긴긴 겨울밤에 출출한 배를 채워주는 군것질감이었다. 많이 먹으면 똥이 잘 안 나오지만. 감껍질을 많이 먹고 똥이 안 나와 나무막대기로 똥을 파내보지 않은 사람은 아마 진메 마을에 없을 것이다. 감이 무른 것은 감쪼가리를 만들어 벼락바위나 강가 바위에 널어 말렸다. 감을 무조각처럼 썰어 벼락바위에 말리는 모습은 참으로 예쁘고 아름다운 그림이었다. 붉은 고추나 감쪼가리, 하얀 호박나물을 섞어서 바위 위에 붉고 하얗게 널어 말렸다. 말린 감쪼가리도 짚더미 속에 감껍질이랑 섞어 말리면 감껍질보다 더 맛있었다. 감쪼가리는 감의 살이어서 도톰하기 때문에 무던히 달고 맛있다.

곶감은 서리가 내리기 전에 깎아야 했다. 서리를 맞아도 깎긴 했지만 그때까지 기다리지 않았다. 서리 맞기 전에 깎아야 곶감이 무르지 않았다. 낮 동안 여기저기서 쌀가마니 가득 감을 따다 방에 부어넣고 호롱불 밑에서 감을 깎았다. 심심하면 품앗이들을 많이 했다. 새벽 세시, 네시, 닭이 울 때까지 깎기도 했다. 광주리 가득 감을 깎아놓으면, 아버지는 아침 식전에 깎은 감을 꼬챙이에 꿰어 비가 들이치지 않는 처마 밑이나, 논배미에 임시로 만든 곶감 걸어 말리는 곳에 가져다 말렸다. 많은 시간이 지나야 곶감은 말랐다. 적당히 마른 곶감을 아버지는 또 접어야 한다. 곶감을 접을 때 우리는 아버지 곁에 앉아 혹시나 꼬챙이의 곶감이 열 개가 넘는지 안 넘는지 세고 또 세어보았다. 곶감 한 꼬챙이는 꼭 열 개씩 꽂아야 하는데 아버지가 이따금 열한 개씩 꿰실 때도 더러 있었다. 곶감을 접을 때 한 개씩 빼먹기 위해서, 우리는 그걸 노리며 열심히 꼬챙이의 곶감 수를 세고, 또 세고 또 세었다. 그러다 열한 개짜리가 있으면 거기서 한 개는 내 것이었다. 신나는 일이었다.

곶감을 그렇게 접어 한 접씩 묶어서 또 처마 밑이나 마루 위에 걸어 다시 바람에 말린다. 우리는 그때를 노렸다. 곶감을 접기 전에 걸어놓은 곶감은 잘 마르지 않아서 약간 떫기도 했지만 접어 걸어둔, 그러니까 짚더미에 넣어 뒤주 속으로 들어가기 전에 바람을 쏘이기 위해 걸어둔 곶감은 제일 맛이 있었다.

앞산에 가을 보름달이 불끈 솟아오르면 텃논 배추밭의 배추 잎은 싱그럽게 찬 이슬에 반짝인다. 강변 여기저기에는 콩동(콩을 묶어놓은 것)이 즐비하게 널려 있다. 느티나무 잎은 붉고 노랗게 단풍물이 든 채 적막하다. 대낮 동안 잘 보아두었던 서리할 곶감을 우린 찾아

간다. 누구 집이든 적당한 집을 골라 달빛 가득한 마당을 가만가만 밟고 키 큰 놈이 마루에 올라가 곶감 한 접을 가만히 내려오면 우리는 적당히 나누어 들고 그야말로 곶감 빼내듯 곶감을 쏙쏙 빼먹으며 적당한 거리에 곶감씨를 떨어뜨리면서 이웃 마을로 갔다. 아침이 되어 주인이 곶감이 없어진 것을 알고 노발대발하며 곶감 도둑을 찾으려 할 때, 우리 중 누군가가 곶감씨의 흔적을 알려주면 주인은 곶감씨를 따라간다. 곶감씨가 이웃 마을로 가는 길에 떨어진 것을 보고 "아, 또 이웃 마을 아새끼들이 엊저녁에 우리 동네로 곶감 서리 왔더랑게" 하는 것이다. 우리는 속으로 히히거리며 느긋하게 며칠 있다가 잊어버릴 만하면 또 그 짓을 했다.

곶감서리가 너무 잦아지면 들키기 십상이므로 우리는 이웃 마을로 원정을 가기도 했다. 우리 동네에서 한 10리쯤 떨어진 천담 마을까지 곶감서리를 갔다. 천담 마을 제일 첫 집이 우리 고모 댁이었는데 상당히 부잣집이었다. 게다가 곶감 부잣집이어서 처마 밑이고 헛간이고 간에 온통 곶감이었다. 고모 댁뿐 아니라 천담 마을은 예부터 곶감 마을이었다. 곶감이 두서너 동 되는 집이 보통이었다. 겨울이 되면 우리 동네 앞으로 곶감을 져 나르는데 몇십 짐씩 되었다. 우리 동네는 먹감 말고는 다른 감이 잘되지 않았는데 고모네 동네는 고동시, 접시감 따위가 잘되어 감을 덧가리(대나무로 엮은 통 모양의 병아리 집)에 담아 행랑채 지붕 위나 뒤란 배나무에 얹어두었는데 그 감도 서리의 표적이 되었다.

　곶감서리부터 시작되는 겨울철의 여러 가지 서리는 다시 닭서리까지 이어졌고, 닭서리는 크게 발전한 서리라 어른들로부터 큰소리를 듣고서야 끝막음을 하게 되었지만, 그렇다고 아주 끝은 아니었다. 어떤 수를 써서라도 또다른 서릿감을 찾아냈다. 그것은 일종의 행사였기에, 누가 막는다고 그냥 끊기는 일이 아니었다. 그 닭서리가 70년대 이웃 마을 일중리에서 고발까지 들어가 일중리 고등학생 몇이 경찰서에서 벌금을 물어 일종의 형사사건이 되었는데, 내가 알기로 아마 그때까지는 이 나라 산촌 어디나 그 많고 많은 서리에 얽힌 이야기가 끝도 없었으리라.

보리 주면
외 안 주겠어

"보리 주면 외(왜) 안 주겠어"라는 말이 있다. '보리를 주면 외를 왜 안 주겠냐'는, 이 근방 사람들 사이에 약속된 속담 비슷한 말이다. 현금이 없던 옛날 진메 사람들은 명절 때가 되면 소재지로 참외나 수박을 사먹으러 갔는데 돈이 아니라 보리나 밀 등을 싸가지고 갔다. 회문리 앞 들판엔 이 일대에서 가장 좋은 밭이 있는데 꼭 참외나 수박을 갈았다. 백중이나 칠석 때면 사람들은 10리쯤 되는 회문리까지 보리 한두 되를 보자기에 싸가지고 갔다. 보리 한두 되로 작고 노란 참외를 실컷 먹고도 몇 개 더 가져올 수 있었다.

회문리로 가지 않으면 장산 바로 너머에 지금은 없어진 백양동이라는 산골 마을이 있었는데 거기로 복숭아를 사먹으러 갔다. 백양동의 복숭아는 큰 복숭아도 아니고 그렇다고 산에 있는 개복숭아도 아니었다. 갓난아기 주먹만한 복숭아였는데, 진메 어머니들은 백중날 심심풀이 삼아 백양동으로 복숭아를 사먹으러 갔다. 그때도 역시 보리를 조금씩 보자기에 싸가지고 가서 복숭아를 실컷 따먹고 또 싸가지고 왔다. 백양동 복숭아나 회문리 참외를 사먹을 때 우리는 현금을 주고 산 적이 없다. 반드시 보리를 가지고 갔다. 아무튼 그 당시 보리는 사람들에게 유일한 현찰이었으니 보리를 주면 무엇이든지 안 줄 리가 없었다.

복숭아 말이 나왔으니, 산복숭아 이야기 좀 해야겠다. 산복숭아는 개복숭아라고도 불렸다. 앞산 꽃밭등이나 장산 중턱에 많이 있었다. 재래종 자두보다 약간 큰 놈도 있고, 개량종 자두만한 놈도 있지만 아주 작은 것들이 많았다. 개복숭아는 참으로 앙증맞고 때깔이 고왔다. 풀이 우거질 대로 우거진 산속에 샛노랗게 익은 산복숭아는 그 색깔이 아름다웠을 뿐 아니라 맛도 기가 막혔다. 재수가 좋으면 벌레 먹지 않은 복숭아가 걸릴 때도 있었다. 벌레가 먹었어도 지금처럼 못 먹을 정도는 아니었다. 먹을 것이 궁한 때인지라 복숭아는 대단히 인기 있는 과일이었다.

어른들은 개복숭아를 밤에 먹어야 한다고 했다. 복숭아 속에 벌레가 들어 있는데 밤에 어두운 데서 먹어야 그 벌레까지 먹는다는 것이다. 그래야 약이 된다고 했다. 그것은 사실이었다. 오늘날 벌레

하나 없는 과일들을 보면 나는 끔찍한 생각이 들 때가 있다. 과일이나 채소에는 벌레가 있어야 정상이다. 벌레가 없다는 것은 그 과일이나 채소에 사람이 먹을 수 없는, 먹어서는 안 되는 그 무엇이 있다는 증거인데, 오늘날에는 곡식에 벌레가 없다. 쌀에도 보리에도 쌀벌레나 바구미가 없다. 쌀벌레나 바구미는 쌀이나 보리 속에 있는 농약 기운 때문에 진작 도망을 갔는데 사람은 그것을 먹는다. 사람이 벌레만도 못하다는 생각이 들 때도 있다.

현찰이 없던 그 시절, 1년에 두 번씩 동네 이장에게 주는 수고료도 보리나 나락으로 주었다. 옛날부터 이장을 해도 나라에서 실컷 부려먹기만 하지 눈곱만한 월급도 없어서 마을별로 이장료라는 것을 두어 보리 날 때 보리 한 말, 나락 날 때 나락 한 말씩 거두어 이장 수고료를 대신하기도 했다. 물우리나 회문리 같은 큰 마을은 그 양이 상당했지만, 진메 같은 작은 마을은 잘해야 보리나 나락이 서너 가마니밖에 되지 않았다. 그래도 이장을 서로 하려고 했다. 그때 보리 서너 가마니, 나락 서너 가마니는 상당한 수입이었으니까. 그렇지만 이장을 해서 부자 된 사람 없고 이장을 해서 망한 사람은 수두룩했다. 진메 마을에서 이장을 해서 빚지지 않은 사람은 우리 아랫집 투망 잘 던지는 큰아버지뿐이었다. 어찌나 꼼꼼하던지 눈곱만큼도 남의 돈, 그러니까 공금을 쓰지 않았던 것이다. 이장이라는 게 만날 비료대금 걷으랴, 적십자비 걷으랴, 이런저런 공금을 걷다보니 자연스럽게 마을 돈을 쓰게 마련이라 이장 하다 그만두면 늘 빚으로 허덕이곤 해서 이장 3년에 안 망한 사람 없다는 말이 생길 정도였다.

어디 공금 유용하다 빚을 지는 경우뿐이겠는가. 그때는 면 서기, 순경도 자주 동네를 방문했고, 그 뒤치다꺼리를 다 이장이 해댔다. 냇가에서 고기 잡아다 회 쳐서 밥해주고 술 사주고, 어떤 때는 솔가지 검사 나온 산림계 직원 닭 잡아줘야지, 세무서 직원 술 뒤지러 오면 밀주 들켜 뒤치다꺼리해야지, 말 그대로 생기는 것은 쥐뿔도 없는데 뭣 빠지게 헐레벌떡했다. 그러니 일 못해 품 버려, 돈 들어가 살림이 거덜 나고 빚만 지게 되고, 이런저런 일로 동네 사람들하고 의만 상했던 것이 이장이었다.

밀주, 산림계 이야기가 나왔으니 그 이야기 좀 하고 넘어가자. 밀주는 동네 사람들이 큰일을 앞에 두고 꼭 담가 먹었다. 동네에 큰일이 있는데도 막걸리를 조금밖에 가져가지 않으면 양조장에서 가만히 있을 리가 없었다. 이따금, 그야말로 느닷없이 밀주 검사를 나왔는데, 세무서 사람들이 큰길로 오지 않고 꼭 뒷산길로 왔다. 이웃 마을에 세무서 직원이 떴다 하면 그 동네에서 재빨리 파발(?)이 떠 통지를 했는데, 통지를 받은 동네 사람들이 밀주를 뒷산이며 강변이며 여기저기 감춰보아도, 몇 집은 꼭 들키게 마련이었다.

우리 집 행랑채를 짓고 있을 때였다. 우리 집에서도 밀주를 만들어 일꾼들과 술을 먹어가며 일을 하고 있는데 느닷없이 세무서 직원들이 들이닥쳤다. 세무서 직원이 마당에 들어서기 전 아버지는 술동이를 얼른 마당에 쇠죽감으로 가져다놓은 고구마 넝쿨로 덮어버렸다. 세무서 직원은 마당에 들어서서 킁킁 냄새를 맡더니 집안 구석구석, 뒤란이며 헛청이며 부엌이며 방을 뒤졌다. 술냄새는 분명히 나는데 아무리 뒤져도 술을 찾지 못한 세무서 직원은 고개를 갸웃거리더니 집에서 나갔다. 고구마 넝쿨로 얼른 덮은 다음, 내가 거기 떡하니 앉아 있었던 것이다. 동생을 업은 포대기로 술동이를 감추고 말이다.

사람들은 급한 김에 세무서 직원이 집에 들어서면 술병을 가지고 오락가락하기도 하고, 얼른 치마로 감추었다가 방문을 열면 방문 뒤에다 놓아버리기도 해서 난 피하곤 했지만 잡으려고 들면 다 잡을 수 있었다. 하지만 꼭 다 잡지는 않았다. 한 집이나 두 집 정도 잡으면 얼른 이장님이 자기 집으로 데리고 가서 닭 잡고 좋은 밀주 대접하고 돈봉투 좀 주면 끝이었다. 밀주를 만들다 들켜 벌금 낸 사람을 난 한 번도 보지 못했다.

또 이야기가 다른 가지로 따라갔다. "보리 주면 외 안 주겠어"로 돌아가자. 보리나 콩이나 팥, 옥수수 등을 주고 살 수 있는 것들은 참 많았다. 겨울철이면 온갖 보따리장수들이 왔는데 그때도 보리나 쌀을 주고 그릇, 옷 등 생활용품을 샀다. 보리나 쌀, 콩 등을 거둬들여 꼭 우리 집에다 맡겨두었기 때문에 모든 보따리장수들의 거점은 우리 집이었다.

　그 많은 장사치들 중에 소쿠리 장수가 있었다. 나이가 지긋한 할머니였는데, 항상 자기 아들을 데리고 다녔다. 아들은 좀 정신이 이상한 사람이었다. 키가 장대하고 몸집 또한 무던히도 컸으며 얼굴이 영화배우 박노식보다 넓었다. 그 아저씨는 마흔이 조금 넘어 보이는데, 자기 어머니가 그렇게 소쿠리를 짊어지고 다녀도 손 하나 까딱하지 않았다. 어머니보다 훨씬 앞서서 걸으며 참으로 평화롭게 웃음을 짓고 노래를 불렀다. 양손에는 늘 풀을 뽑아 들거나 나뭇가지 등을 들고 덩실덩실 춤을 추며 마을로 들어섰다.

　　까막까치는 자기 집에서 놀고
　　큰애기 총각은 골방에서 논다.

　그이는 꼭 이 두 구절만 했다. 계속 반복하는 게 질리지도 않는 모양이었다. 큰 키, 큰 몸집으로 얼굴 가득 웃음을 흘리면서 소쿠리를 가득 짊어진 어머니를 앞서 겅중겅중 걸으며 춤을 너울너울 추었다. 그 할머니도 우리 집에다 거점을 잡았다. 그리고 물건을 판 대금으로 받은 보리나 곡식들을 걷어 모아 우리 집에 쌓아두었다가 짐꾼을 사서 가져갔다.

나중에는 아이스케키 장수가 동네까지 아이스케키통을 메고 다니며 "아이스케키"를 외치고 다녔다. 꼭 보리타작을 한 직후라 보리를 여기저기 널어 말리던 때에 왔다. 그때도 보리를 주면 틀림없이 아이스케키를 주었다. 지독히도 시원하고 맛있던 아이스케키는 대단히 인기여서 보리 한 되 주면 열 개 정도는 받았다. 우리는 몰래 보리를 감추어두었다가 꼴 베러 가는 척하며 강변에서 어른들 몰래 아이스케키를 사먹었다.

보리를 주면 외를 틀림없이 주었던 시절, 진메의 밭이란 밭과 논이란 논엔 보리가 파랗게 자라 누렇게 익었다. 봄이면 강물에 강 건너 보리밭이 푸르게 비쳤고, 여름이면 누렇게 강물을 물들였다. 지금은 한 집도 보리를 가는 집이 없다. 엄청난 변화다. 그 변화가 100년도 아니고 50년도 아니고, 불과 20여 년 동안에 빠르게 이루어졌다.

이제 보리를 주어도 외를 잘 주지 않는 대신 돈 주면 뭐든지 다 주는 시절이 되었다. 사람들이 잘살게 되면 인간미도 더 넘치고 정이 흘러넘쳐야 하고, 아는 것이 많아지면 세상이 더 사람다워져야 하는데, 잘살면 잘살수록 아는 것이 많아지면 많아질수록 인간의 정신은 병들고 썩어가고 겁나고 무서워진다. 아는 만큼 약삭빨라지고 아는 만큼 사기를 쳐서 그럴 것이다. 그 시절 보리에는 인간애와 인정이 담겨 있었다. 보리를 좀 더 주면 외도 우수로 더 주는, 그

거래는 매몰찬 장삿속은 아니었다. 따뜻한 인정의 교환이었다. "보리 주면 외 안 주겠어"라는 말 속엔 그런 정겨운 뜻이 담겨 있었던 것이다.

새각시가 뀐
방귀 소리

　어느 여름날 동네 아주머니들이 모여 삼을 삼고 있었다. 삼은 모심기 전에 모두 베어 삼무지를 해서 여름부터 삼 품앗이를 한다. 여름부터 시작하지만 삼을 삼는 일은 여름 한철에 끝나지 않고 겨울밤까지 계속되는데, 혼자 하지 않고 꼭 품앗이를 한다. 모든 품앗이 중에서 삼 품앗이만큼 품앗이라는 말이 어울리는 것이 없다. 그만큼 삼 품앗이는 모든 농촌 마을에서 성행했다.

　삼을 삶아 껍질을 벗긴 것을 삼대라고 한다. 삼대는 대개 집 지을 때 흙벽 마르기 전에 벽에 엮거나 지붕 날개를 덮기 전에 쓰인다. 삼껍질을 삶는 일은 삼굿이라고 한다. 삼을 삶아 껍질을 벗기는 일은 삼굿이고 닥나무를 삶아 벗기는 일은 닥굿이라고 한다. 삼껍질을 벗겨 말렸다가 다시 한 줌씩 물에 담가 전짓다리라는 곳에 걸어 삼을 잇는 작업을 삼 삼는다고 한다. 삼을 삼을 때는 한 집 것을 한 꺼번에 다 삼는 게 아니고 오늘은 이 집, 내일은 저 집, 모레는 또 누구네 집, 이런 식으로 돌아가며 한다. 삼 삼는 시간은 매우 오래 걸리며 삼베를 만드는 과정에서 가장 힘든 일 중 하나다. 삼을 다 삼은 다음 또 잘 털어 말려 물레에다 잣는다. 삼을 다 자으면 다시 돌곳에 올려서 또 말리고, 그 올린 커다란 삼뭉치는 다시 양잿물에 넣어 뜨거운 방에서 푹 띄운다. 그러면 삼에 붙은 껍질이 다 녹아 떨어지는데 그때 색깔이 하얗게 된다. 하얗게 된 삼을 다시 내려가지고 이제 풀을 먹여 베틀에 감는데 그때는 베 내린다고 한다. 베 내릴 때 묵을 쑤어 먹이고 숯불에 말려 도투마리라는 실패에 감는다. 그리하여 그것이 베틀로 올라가 베가 짜여진다. 이처럼 삼베 짜기는 처음부터 끝까지 정성과 노력이 많이 들기 때문에 혼자 할 수 없는 일이다.

  우리가 제일 재미있어하는 일은 삼 품앗이할 때 전짓다리, 소쿠리 등을 이 집 저 집으로 옮기는 일이었다. 또 어느 집에서 하건 삼을 삼을 때 꼭 밤참이 나오는데 그것이 우리 집에서 삼 품앗이할 때를 기다리는 이유 중 하나였다. 삼 품앗이 때 밤참은 고구마에다 가닥 김치나 싱건지라는 동치미 비슷한 김칫국과 무를 먹었다. 김이 무럭무럭 나는 하얀 쌀밥을 양푼 가득 떠다놓고 머리만 자른 배추

김치를 가닥째 걸쳐 먹는 맛은 참으로 기막히게 맛있어서 기다릴 만했다.

아무튼 그런 삼 품앗이가 벌어진 어느 여름날, 동네 아주머니들은 시원한 헛간에 덕석을 깔아놓고 온갖 동네 돌아가는 이야기들을 하고 그 자리에 없는 어떤 사람의 흉을 보며 웃고 떠들고 있었더란다. 한쪽에 얌전하게 앉아 삼을 가져다가 이빨로 삼을 째서 삼을 삼고 있는 새각시가 있었다. 새각시가 보리밥을 먹었는지 자꾸 방귀가 나오려고 하는 것을 몇 번은 잘 참았지만 감춘 그 방귀란 것이 자꾸만 밖으로 나오려는 것이었다. 엉덩이를 움직일 수 없어 오므리고 또 오므리고 하다가 한 가닥 삼을 다 삼아 내린 다음 삼을 가지러 약간 몸을 앞으로 숙였는데 그때 그만 방귀를 놓치고 말았다. 항문을 오므리고 오므린 바람에 방귀 소리는 길고 새각시다운 수줍음까지 잔뜩 간직한 채 "뽀오오옹~" 하고 길게, 그리고 가녀리게 나오고 말았다. 사람들은 삼을 삼다가 그 고운 방귀 소리에 잠깐 서로 얼굴을 쳐다보았는데, 그때 그 새각시가 빨개진 얼굴로 살며시 일어서서 "제가 뀌었어요" 하며 가만히 앉다가 또 그만 "뽀오옹" 하고 방귀를 뀌는 바람에 삼 품앗이 마당은 순식간에 웃음바다가 되고 말았다. 어머니는 그때 눈물이 질금질금 나오도록 웃었다고 지금도 말씀하신다.

그후로 우리 동네에서는 누구든지 방귀를 뀌어놓고는 "제가 뀌었어요" 하며 웃는다. 그 말은 실례에 대한 용서가 되고 무안함을 얼버무리는 말이 되었다.

호미로 풀 한 짐

　논에 넣는 거름은 대략 세 가지가 있다. 한 가지는 '몽근망웃'이라고 하는 것으로, 소두엄이나 돼지두엄을 1년쯤 썩혀 몽글게 만든 거름인데, 이 두엄은 가루로 뿌릴 수 있어서 보리를 갈 때 쓰였다. 고추농사를 지을 때도 이 거름을 썼다. 또 한 가지는 가을철 열매 맺기 전에 풀을 베어서 나무에 달아두었다가 봄철에 논으로 가지고 와서 작두로 썰어 논에 넣고 갈아 그해에 썩히는 거름이다. 이 거름은 보리를 갈지 않는 논에 했다. 마지막으로 바닥풀이라는 풀을 베어 논에 하는 거름이 있다. 그해 잎이 막 새로 피어 우거지기 시작하는 초여름 풀을 베어서 모내기 며칠 전에 썰어 논에 뿌리는 것이다. 바닥풀은 그해 새로 난 여린 것이라 바로 썩어 거름이 되었다.

나무의 새순이 막 돋아나 우거지기 직전 야들야들한 연초록 잎, 녹색으로 가기 직전의 연한 나뭇잎이 달린 나뭇가지를 베어 쌓아 말린 거름인 이 퇴비는 보리가 익기 전에 해야 했다. 가랑나무 잎, 느티나무 가지, 때동나무 가지, 참나무 가지 등이 많이 쓰였고 그중에서도 잎이 크고 키가 작은 가랑나무가 제일이었다. 이 퇴비를 할 때는 대개 '쌈'을 달아 자기 구역을 정해서 남들이 베어가지 못하게 하기도 했는데, '쌈'이란 짚을 방망이만하게 묶어 나뭇가지에 여기저기 매달아 자기 구역을 적당히 표시해두는 것이다. 그렇게 해서 자기 바닥풀을 하기도 했지만 주로 동네 산인 '동산'에서 풀을 해서 팔기도 하고 사기도 하고 또 자기 힘껏 해오기도 했다.

동산은 마을마다 있는데, 동네 사람들이 공동으로 관리하는 산이다. 대개 못쓰게 생긴 험한 산이 동네 산이 되는데, 동산에서는 그 누구도 함부로 나무나 풀을 못 한다. 1년이고 2년이고 나무나 풀 하는 것을 철저히 금하고 감시해 잘 가꾸어두었다가 어느 날 동네 사람들이 모두 모여 한날한시에 나무나 풀을 몽땅 해다가 판다. 그렇게 해서 동네 대소사에 필요한 동네 자금을 마련했다. 동네 풀을 한 날은 잔치가 벌어지는 날이기도 하다. 아침 일찍 시원할 때 풀을 한 짐씩 해다 강변에 부려놓고 그날은 하루 종일 술 먹고 굿하고 씨름하고 논다. 머슴을 사는 사람들이 좋아하는 날이기도 하다.

어느 해였다. 그날도 동산에 풀을 하는 날이었다. 동네 어른 한

분이 날이 밝기도 전에 어둑어둑한 동산에 가서 후다닥 얼른 풀 한 짐을 해서 부지런히 짊어지고 풀 모으는 장소로 와서 풀짐을 부려놓고, 풀짐 위의 낫을 찾으니 낫은 없고 웬 호미가 풀짐 속에 꽉 꽂혀 있더란다. 그 어른은 "아니, 이 호미가 웬 호미여" 하며 호미를 빼어들고 서서 "낫은 없고 이 호미가 웬 호밀꼬" 하고 생각을 굴리고 있는데, 다음으로 일찍 풀을 해온 옆집 사람이 그 모습을 보고 "거, 무신 호미여" 하더란다. 그 어른은 곧 털썩 땅바닥에 주저앉으며 호미로 땅을 치며 웃었다. 어제 저녁에 풀을 하려고 잘 갈아둔 낫을 가져온다는 것이 날이 밝지 않은 새벽이라 그만 호미를 가지고 온 모양인데, 그 호미로 풀 한 짐을 거뜬히 해왔으니 얼마나 우스웠겠는가. 땅을 치며 웃는 그 어른을 보던 옆집 사람도 눈치를 채고 배를 움켜쥐며 웃었다고 한다. 그후로 풀을 빨리 해가지고 온 사람을 보면 다들 "어이, 호미로 풀을 혔능가, 벌써 한 짐을 허게"라며 옛날 그 어른의 '호미로 풀 한 짐' 이야기를 했다.

  지금 마을 동산에 진달래꽃이 흐드러지게 피어 강물에 어린다.

진메 마을의 풍물굿

풍물굿은 농촌, 농민 문화의 절정이며, 그 끝이요, 농촌공동체의 완성이다. 굿판에서 굿을 할 때 치고, 빠지고, 퍼지고, 오므리고, 올라가고, 빠져나가고, 달려들고, 물러서고, 치닫는 그 가락과 굿의 형태는 땅과 하늘의 소리가 아니고는 불가능하며, 일에서 우러나오는 소리가 아니고서는 그런 소리를 낼 수가 없다. 풍물굿은 땅과 인간, 인간과 인간, 이 세상 모든 것들, 죽은 것들과 산 것들이 끝없이 갈등하는 모든 기운을 한꺼번에 한군데에 모아 녹여 어우러지게 하며 대단원의 화해의 장을 만들어낸다. 재창조의 기능을 천지간에 뿌리는, 천지간에 존재해온 모든 생물과 무생물의 혼을 흔들어 깨우는 소리요, 몸짓이요, 노래다. 그 어디에 매이지도 않고 그 어느 형식에도 구애됨이 없이 자유로운 형식을 찾아내고 굿판을 짜가는 풍물굿은 인간의 힘만으로 만들어진 것이 아니다.

농악이라고도 하고, 풍물이라고도 하고, 굿이라고도 하는 이 놀이판에 들어서는 동네 굿쟁이들은 고된 노동으로 땀에 젖고 눈물 풀풀 든 평상복이나 일복이 아닌, 설날과 처갓집 갈 때나 입는 새옷과 원색의 굿띠와 고깔로 차려입었다. 날라리를 불어제끼고 쇠와 장구와 징을 쳐 돌리며 어우러지는 이 신명 나는 굿판은 힘든 노동과 모든 억압으로부터 놓여난 화려한 변신과 부활과 해방의 대동세상을 의미했다. 반면, 오늘날 우리가 보는 온갖 풍물굿들은 그 형식이 너무 굳어 있고 인간들이 너무나 조종 관리하여 화석화된 껍질들이 주종을 이루고 있다.

오늘날의 풍물굿은 땅과 자연과 사람들의 일에서 우러나온 것이 아니라 보여주기 위해 눈요깃감으로 조작해낸 것들이다. 거기엔 대단한 기교가 있고 눈부신 율동이 있고, 뛰어난 가락이 재창조되었지만 땅과 인간의 소리가 사라졌다. 자연과 인간, 인간과 인간들이 헝클어지고 어지러워진 갈등을 화해시킬 만한 힘이 없다. 오직 진땀 나는 신명만이, 굿 뒤의 허탈감만이 남는다. 그 사람들 참 잘했다는 소리는 나올망정, 나의 춤과 나의 소리와 나의 몸짓은 없다. 나에게 가장 아쉽고도 서러운 것은 농촌이 황폐화되어감에 따라 일 속에서 건강하게 분출되던 놀이 문화들이 하나둘 사라져버렸다는 사실이다. 이 땅에서 이제 진짜 풍물굿은 사라져버린 것이다. 땅을 칠 일이다.

　정월의 풍물굿은 꽹과리의 쇳소리와 장구나 북의 가죽 소리가 합쳐져 산천에 울림으로써 농사에 해로운 유충의 성장이 저지되고 억제되었다고 한다. 과학적인 근거가 있는지는 모르겠지만 정월 대보름날 불을 곳곳에 피움으로써 액을 막고, 논두렁 밭두렁에 쥐불을 놓음으로써 병충해를 예방했던 일과 같이 생각해보면 어느 정도 과학적 근거가 있는 이야기인지도 모른다. 정월 대보름달이 동산에 솟으면 망월이라고 큰불을 질렀으며 그때 풍물도 함께 울렸다.

　풍물굿은 누구도 다른 누구에게 시간을 내어 그 기능을 전수하지 않았다. 다 타고난 개성대로 꽹과리도 치고 장구도 치고 소고도 쳤다. 이도 저도 아무런 기능이 없는 사람들도 농악판에 어울리며 자기 몫을 맘껏 해냈다. 우리 큰아버지는 생전, 도대체 노는 일하곤 담을 쌓으신 분이었다. 그분이 어디서 노래 한 곡 하시는 것을 본 적이 없는데, 동네 큰 굿판이 어우러지면 언제 어디서 그런 차림을 하고 나오시는지, 배와 등에 바가지를 넣고 곱사춤을 그렇게나 잘도 추셨다. 큰아버지의 곱사춤은 우리 동네 풍물굿판의 절정이었다.

　그런 식으로 다 자기 나름대로 소질을 개발하여 굿판에 기여했고, 이런 일은 누구의 강습이나 가르침 없이 평소에 갈고닦은 것이었다. 예를 들자면 지게 지고 나무하러 갈 때 지게 목발을 두드리며 가락을 익혔다. 한 손엔 낫자루, 다른 한 손엔 작대기가 열채와 궁굴채가 된다. 한번 그 가락에 병이 들면 밥 먹다가도 젓가락으로 또 닥거리고, 한번 꽹과리 가락에 정신이 빼앗기면 국그릇도 꽹과리였다. '앉으나 서나 당신 생각'으로 그렇게 미치다보면 점점 가락이 익혀졌다. 어느 정도 가락을 익히면 서서히 굿판 밖에서 제 나름대로 손바닥으로 가락도 맞춰보고 몸짓도 해본다. 두드리면 열려서 그 길에 들어서는 것이다. 그런데 장구를 잘 치는 집안은 대대로 그 집에서 장구잡이가 나왔다. 전혀 이상한 일이 아니다. 피가 있었던 것이다. 상쇠 집안에선 꼭 상쇠가 나왔다. 왕대밭에는 왕대가 나는 격이다.

　진메 마을 사람들은 모든 풍물 기구를 스스로 만들었다. 장구통과 꽹과리, 징은 사왔지만 장구의 열채와 궁굴채의 가죽은 손수 만들었다. 열채 쪽 가죽은 개가죽을 벗겨 오랫동안 사랑방 오줌통에 담가두었다가 기름과 털을 뺀 뒤에 짱짱하게 말려 만들었고, 궁굴채 쪽 가죽은 노루 가죽을 써서 같은 방법으로 만들었다. 소고는 토끼 가죽을 벗겨 또 그렇게 만들었다. 한참 풍물굿이 동네마다 성할 때는 겨울철에 토끼 가죽, 노루 가죽을 사러 오는 장사꾼도 있었다. 고깔도 동네 사람들이 섣달그믐 무렵에 만들었고 굿띠도 그렇게 만들었다. 돈이 조금 있는 사람은 꽹과리나 징을 사서 자기 집 식구 이름을 써서 동네에 내놓는 일도 있었다.

다른 모든 악기나 여럿이 하는 예술행위가 다 그렇듯이 풍물굿도 혼자 하는 동시에 여럿이 어울린다. 혼자 자기의 기량을 맘껏 발휘하면서 동시에 그 판 속에서 돌출되지 않도록 자기를 잘 관리해야 한다. 혼자만 잘나면 굿판은 죽는다.
　풍물굿은 다른 서양음악 연주나 놀이판처럼 액자 무대가 아니라 끝없이 열린 자연 속의 모든 공간이 다 무대가 된다. 밤하늘의 별들, 앞산, 뒷산, 어둠, 들판의 풀과 나무와 곡식 들. 그래서 무대나 극장이 아니라 굿마당이다. 조명은 모닥불이다. 조명이 출연하는 무대 사람들에게만 집중되는 게 아니고, 굿마당에 있는 모든 사람들을 각각 다르게 비춘다. 대단한 무대요, 조명이다. 마당 가운데에서 타오르는 불꽃은 하늘을 찌를 듯 솟아 외양간에 있는 소의 눈까지 불빛이 가닿는다. 그렇게 판은 어우러진다. 모닥불의 불빛을 잘 받아 자기를 드러내려면 고깔 쓴 얼굴을 약간씩 아래로 내려야 한다. 그래야 얼굴이 남에게 보인다. 그래서 모든 풍물굿판의 굿쟁이들은 고개를 약간 아래로 떨어뜨린다. 거기 그 붉은 모닥불빛이 닿아 쌩긋쌩긋 웃는 굿쟁이들의 붉은 얼굴이 검은 밤하늘에 꽃피는 것이다.

달빛 쏟아지는 산길,
밤나락 지기

진메 마을에 가을이 깊어지면 동네 구석구석에서 누런 벼들이 베어지고, 마을 텃논이나 마당엔 노적가리들이 둥그렇게 쌓여간다. 농사를 많이 지은 집은 노적가리가 크고 높고 넓게 쌓여가고, 농사를 적게 지은 집은 노적가리가 낮고 작게 쌓인다. 노적가리가 쌓인 크기에 따라 부잣집과 가난한 집이 갈라졌다.

가을이면 아무리 멀고 깊은 산속의 삿갓 다랑이에서라도 사람들은 볏단을 짊어지고 왔다. 볏단을 집으로 가져와 마당에 쌓아두고 보리를 간 후에 놉을 얻거나 품앗이로 나락들을 훑었다. 나락 노적가리를 진메 사람들은 '나락비늘'이라고 했고 나락을 훑은 볏짚 무더기를 '짚비늘'이라고들 했다.

가을철에 큰일을 당한 집은 일손이 모자라고 쫓기게 마련이었다. 다른 집은 다 보리를 갈았는데 보리 갈 때쯤 누가 죽기라도 하면 그 집은 일이 뒤로 처져 동네 사람들이 나서서 보리를 갈아준다. 그런 날은 참 재미있었다. 동네 사람들이 모두 나서서 몇 마리의 소로 밭을 갈고, 장정들은 나서서 거름을 져오고 아낙네들은 보리씨를 뿌리고 젊은 청년들은 거름 주고 비료를 뿌리며 보리씨를 덮었다. 밭에 소와 사람들이 꽉 찼으며 시끄럽고 왁자지껄했다. 그런 일은 일찍 끝났다. 일이 끝나고 그 홀가분한 마음을 사람들은 즐거워했다. 뉘 집 모내기는 늘 어둑어둑 못줄이 안 보일 때까지 했고 벼 베기도 꼭 그렇게 했다. 그런 집은 늘 욕을 먹게 마련이다. 그런 집은 놉을 열 명 얻어야 하는데 아홉 명쯤 얻는 경우였다. 그런가 하면 열 명이 빠듯하게 할 일을 열한 명쯤 얻어서 꼭 일을 수월하게 끝내는 집이 있다. 사람들은 그런 집에 일 가는 것을 좋아했다. 동네 사람들이 모두 나서서 한 집 일을 일찍 끝내버리는 것은 아주 홀가분하고 재미있는 일이었다.

그런 일 중에 '밤나락 지기'라는 게 있다. 이 밤나락 지기는 달 뜬 늦가을 밤에 이루어지는 마을 공동의 일이었다. 캄캄한 밤엔 밤나락 지기를 하지 못했으며 꼭 달이 밝은 밤이라야 가능했다. 달이 밝고 높게 뜰 때쯤이면 동네 구장(그때는 이장을 구장이라 했다)이 마을 앞 계안이 형이 하모니카 불던 바위에 올라가 두 손을 모은 다음,

"오늘 밤에 용택이네 집 밤나락 지기를 할 팅게 지게 있는 사람들은 저녁밥 묵고 한 사람도 빠짐없이 동네 앞으로 나오씨요" 하고 크게 외친다.

저녁밥을 먹고 초등학교를 막 졸업하여 '지게 대학'에 갓 입학한 애기 지게꾼에서부터 나이 든 어른에 이르기까지 모든 지게꾼이란 지게꾼이 다 모여든다. 구장이 그 높은 바위에 올라가 지게를 진 채 "시방부터 저 우골 용택이네 집 나락을 지로 가겄습니다. 힘대로 지고들 오시요" 하면 죽 허니 사람들이 달빛을 받으며 산골을 향해 행진하기 시작한다. 4, 50명쯤 되는 지게꾼들이 달빛을 밟고, 서늘한 달빛을 받으며 계곡 논길을 가는 모습은 무슨 종교적인 행렬마냥 신비하고 엄숙한 의식 냄새를 풍겼다.

동네에서 멀리 떨어진 산골 논에 만卍자로 쌓아놓은 나락 가리들을 짊어지는 모습 또한 아름답기 그지없었다. 장정들은 나락 한 가리 열 다발씩을 짊어졌지만 이날 달빛 아래에서만은 여덟 다발이나 일곱 다발씩 짊어졌다. 밤길이고, 산길에다가 집까지 멀기 때문에 가뿐하게 짊어져야 했다. 우리같이 초등학교를 갓 졸업한 조무래기들은 네 다발이나 다섯 다발씩 짊어지고도 힘들었다. 밤나락 지기는 쉬지 않고 집까지 가야만 했기 때문이다. 원체 먼 곳이면 중간쯤에서 한 번씩 쉬었지만 잠깐 허리 쉼만 할 뿐이었다. 지게질이라는 게 짐을 지지 않았을 때는 천천히 걷지만 짐을 짊어지기만 하면 발걸음이 빨라진다. 더군다나 비탈길을 내려올 때는 자동적으로 발걸음이 빨라져 잰걸음이 된다. 나락을 짊어지면 더욱더 발걸음이 빨라졌다. 나락 올이 출렁출렁하기도 해서 가뿐가뿐 발을 맞추어야 발걸음이 사뿐사뿐 가벼워졌다. 한참 그렇게 가뿐가뿐 걷다보면 양쪽으로 나온 나락 모가지가 찰랑찰랑 소리를 냈다. 그 소리에 맞추어 발걸음을 떼면 가락이 생겨 다른 짐보다 나락짐은 훨씬 가볍게 멀리까지 갈 수 있었다.

4, 50명쯤 되는 크고 작은 나락짐이 논길 산길을 빠져나와 나락 주인집에 도착할 즈음이면 방이나 마루나 마당은 온통 환하게 밝혀져 있었다. 어른들은 논배미나 텃논 아니면 마당에 부려놓은 나락 다발들을 모아 나락비늘을 쌓았다. 나락비늘을 쌓을 땐 아무나 달려들지 않았다. 마을에서 제일 잘 쌓는 사람들 몇몇이 달려들었다. 아롱이 양반, 신경호 양반, 명렬이 당숙, 길홍이 당숙 등이 나락비늘을 잘 쌓았다. 제일 밑부터 제일 끝까지 큰 독 모양으로 아랫도리는 약간 좁게 시작해서 점점 그 둘레가 커졌다가 끝에 가서는 마무리를 좁게 잘 지어야 하는데, 잘못 쌓으면 그 모양이 잘못 만들어진 독 모양으로 비뚤어지고 옆구리가 터지거나 비스듬하거나 허물어질 수도 있었다.

밝은 달빛 아래에서 집 지붕보다 높고 넉넉하고 둥그스름한 나락비늘을 척척 쌓아올리는 모습은 신나는 구경거리였다. 나락비늘이 높아질수록 밑에서 나락 다발을 던지는 사람들은 힘이 들었지만 기운 센 사람들이 휙휙 던지는 나락 다발의 모습도 보기 좋긴 마찬가지였다. 이 나락비늘을 쌓아가며 가장 중요하게 생각해야 할 것은 나락의 양에 따라 그 모양을 줄이거나 늘이는 것이다. 나락비늘 기술이 없는 사람들은 나락 다발이 적게 남았는데도 아직 물무를 잡아가지 않거나, 또 나락 다발은 많이 남았는데 물무를 잡아버려 나락비늘이 엉망진창이 될 때도 있었다.

  나락비늘이 달 모양으로 둥그렇게 만들어지는 동안 부엌에선 닭을 잡아 '삐죽'을 끓였다. 삐죽은 닭죽이었는데, 닭을 두어 마리쯤 잡아 고기를 자귀로 톡톡 끊어가지고 부엌칼로 자근자근 다져서 끓인 다음 닭이 익을 때쯤 쌀도 넣어 끓였다. 물을 몇 동이 붓고 쌀 조금, 닭은 많이 잡아야 두어 마리로 만든 삐죽이었지만, 온 동네 사람들이 다 먹을 수 있었다. 고기도 공평했다. 살만 간 사람도 없고 뼈만 간 사람도 없었다. 참으로 좋은 죽, 맛있는 죽이었다. 이 죽은 대개 동네에서 저녁 내내 치는 농악판이나, 밤나락을 질 때 끓였다. 반찬도 방도 필요 없었다. 어른들만 마당 가운데 상이 놓인 자리에서 먹고 나이 든 노인들은 방 안에서 상을 차려 먹었지만, 대개의 사람들은 죽 한 그릇씩 들고 마루에, 뚤방에 걸터앉거나 서서 후후 불어가며 죽을 먹었다. 먹다가 죽이 모자라게 생겼으면 그저 물만 살짝 더 부어 끓이면 되었다. 달빛 아래에서 먹는 흰 닭죽은 맛있었다. 죽을 다 먹을 즈음 달은 기울어가고, 배부른 사람들은 하나둘씩 집으로 돌아갔다.

동네 사람들의 밤나락 지기는 가을철이면 꼭 서너 집씩 했다. 홀로 사는 집이나 늙은 내외가 사는 집을 골라 아무런 보상도 없이 일을 해주었다. 그런 사람들일수록 나락이 많을 리 없었기 때문이다. 밤나락 지기가 끝나고 나락비늘이 둥그렇게 마무리가 되어 날개로 덮고 꼭대기에 유지베기까지 씌우고 죽을 먹고 나서 술들이 거나해지면 굿을 칠 때도 있었다. 그럴 때는 그냥 꽹과리, 징, 장구만 가지고 노래 부르고 춤추고 놀았다. 나락비늘이 잘 되면 그 둘레를 빙글빙글 돌면서 풍물을 울렸다.

아, 달빛 쏟아지던 산길, 논길을 가던 지게꾼들이여! 찰랑찰랑 가뿐가뿐 걷던 짐 진 사람들이여! 달빛처럼 둥그렇게 잘도 척척 쌓아올려 걷던 나락비늘이여! 그 맛있던 닭죽이여! 닭죽을 배불리 먹고 나서 바라보던 그 둥근 달이여! 달빛이여! 달빛 아래 마을이여! 같이 먹고 같이 일하고 같이 놀던 사람들이여!

갈굴 도랑 길에
돌무덤 둘

 갈굴 도랑은 내집평 들을 가로지르며 흐르는 작은 도랑이다. 순창을 넘어가는 갈재 골짜기에서 모여 흘러오는 물인데, 중원리에서 구림천과 만난다. 옛날 사람들은 이 갈굴 도랑을 따라서 갈재를 넘어 순창을 오갔으리라. 그 중간쯤 아주 좋은 우물이 있는데 무지무지 찬물이 나온다. 여름이면 찬물이 나오는 그 샘 부근은 언제나 뿌연 안개가 서려 있다. 이 샘에서 사람들은 타는 목을 축이며 쉬었으리라. 그 샘에서 한참을 가다보면 지금은 저수지가 있지만 옛날엔 상당히 평평한 길이 있었다. 아주 넓은 길이 반듯하게 나 있었고, 갈재 아래 못 미쳐서 커다란 돌무덤 두 개가 있었다. 이 돌무덤은 다른 돌무덤과 달리 사람들의 손길로 가다듬어 쌓은 돌무덤이 아니라 그냥 돌을 휙휙 던져 쌓은 것이다. 어렸을 적 이 길을 지나 외가에 가곤 했는데, 어머니는 꼭 여기에 돌을 주워 던지고 침을 세 번 뱉게 하셨다. 그래야 다리가 아프지 않다는 것이다.

  나는 어머니께 이 돌무덤에 대해 이야기해달라고 졸랐었다. 나는 늘 이야기를 듣고 잊어버리고 어머니는 또다시 이야기를 해주시곤 했다. 머리에 떡을 이고 등엔 동생을 업고 걸어가면서.

  "옛날에 강도령이 살았드란다. 이 강도령은 어찌나 책 읽기를 좋아하든지, 마당에 널어놓은 나락이나 보리에 소낙비가 쏟아지건 눈이 내리건 그냥 책만 읽었단다. 그러니 살림이 제대로 되겠니. 그냥 똥가랭이가 찢어지게 가난하기만 했더란다. 그래도 나 몰라라 글만 읽으니 참다 참다 참지 못한 그 부인이 그만 쪽박을 차고 집을 나가부렀단다. 그러고저러고 세월이 많이 흐른 어느 날이었드란다. 이 갈굴 도랑에 새로운 원님 행렬이 지나가게 되었단다. 말방울 소리를 절렁거리며 이 갈굴 도랑을 타고 갈재를 넘으려는데 웬 거지 여자가 원님 행차 앞을 지나더래. 말 위에 앉은 원님이 흘끗 처다보니, 아니 글쎄 자기를 버리고 떠났던 옛 아내가 아니겠니. 순간 화가 난 원님이 그만 자기 부하들에게 저기 저 거지 여자가 날 버리고 집 나간 내 아내였다고 말하자, 사람들이 달려들어 침을 뱉고 쪽박을 빼앗아 던져 깨니 여자가 그 자리에서 자결을 했단다. 그때 길 가던 사람들이 땅을 대충 파고 돌로 묻었던 것이 저렇게 돌무덤이 되었단다."

　어머님의 이야기는 대충 이런 내용이었다. 나는 속으로 그 선비, 그러니까 원님이 되어 행차한 사람이 너무했다는 생각을 했었다. 자기도 잘한 게 별로 없으니까 말이다.

　그 돌무덤 조금 못 미쳐 또하나의 돌무덤이 있다. 이 돌무덤은 말의 무덤이라고들 했다. 옛날에는 말을 타고 가다 말이 길에서 죽으면 길에다 묻어준다는 이야기가 있다. 실지로 우리 진메 마을과 이웃 신촌 마을 중간에 '몰무동'이라는 지명이 있는데 그 몰무동엔 커다란 무덤 흔적이 있었다. 몰무동은 '말 무덤'이 아니었을까. 우리 마을 이름이 긴뫼였다가 진메가 된 것처럼 말이다. 이 나라에는 이런 지명이 얼마든지 있다.

　아무튼 이 갈굴 도랑의 강도령과 거지 아내 이야기는 상당히 설득력이 있는 이야기임에 틀림없다. 이 갈굴 도랑을 따라 갈재를 넘어 전라남도 열두 고을 원님들이 임지로 가고 서울로 갔다는 이야기가 그 이야기를 뒷받침해준다. 그러니까 전라남도 지방의 수령들이 부임을 할 때 반드시 이 갈재 고개를 넘었고, 이 갈재 고개에는 신관 사또를 맞이하기 위해 늘 사람들이 들끓었다고 한다. 옛날에 갈재 고개에는 술집이 여럿 있었으며 갈재 중간쯤엔 깊은 골짜기가 있는데 사람들은 거기를 '도둑놈 골짝'이라고 한다. 지금은 27번 국도가 잘 포장돼서 그 흔적이 없어졌지만 옛날엔 상당히 으슥한 곳이었다. 실제로 우리 동네 사람들은 순창 장에 오갈 때 그곳에서 돈과 물건을 털렸다고 한다.

지금 그 돌무덤 아래엔 저수지가 새로 생겨 내집평 일부를 적셔준다. 아직도 그 도랑물을 이용해서 창호지를 만드는 집이 두어 집 있지만, 내가 어렸을 적만 해도 이 갈굴 도랑가에는 종이 뜨는 집이 수도 없이 많았다. 그 종이 뜨는 집 사람들과 농사꾼들이 다 모여들어 노름판과 윷판을 벌이는 곳이 또 중원이어서 지금도 중원 윷은 이 근동에서 상윷으로 통한다.

같이 일하고,
같이 먹고,
같이 놀고

오월 산천이 그 화려한 단장을 끝내고 나면 푸른 산 중턱이나 산 아래 보리밭에서는 농부들이 뜨거운 태양 아래 보리를 베었다. 해가 지고 달이 뜨면 사람들은 대낮같이 밝은 달빛 아래에서 보리를 베고 논을 갈고 물을 댔다. 밤꽃 피고 달이 뜨면 들판에서는 밤을 새워 보리타작을 했는데 보릿대 태우는 연기가 낮은 산 아래 마을을 더욱 아련하게 했다. 달이 기울 때까지 들판은 물 대는 사람들의 고함 소리, 보리타작하는 사람들의 고함 소리, 소쩍새 소리, 쪽쪽새 소리로 날 새는 줄을 몰랐다.

작대기도 한몫한다는 모내기철에 가장 잘나가는 것은 쟁기질을 할 줄 아는 소와 쟁기질 잘하는 농부였다. 소와 쟁기가 하루 남의 일을 하면 사람 품의 몇 몫을 했다. 천수답이 많은 산중에서는 비라도 와서 논에 물이 잡히는 날이면 쟁기질하는 소의 품삯이 금세 올라갔다.

  논에 물이 잡히는 날, 모내기하는 집은 이튿날부터 모내기 준비로 눈코 뜰 새 없었다. 못줄 준비해야지, 김치 새로 담가야지, 반찬 장만해야지, 모 찔 때 묶을 짚 준비해야지, 이웃에서 그릇 빌려와야지, 내일 놉들이 이상이 없는지 다시 확인해야지, 집에서도 논에서도 발바닥에 불이 붙었고 말 그대로 서서 오줌 누고 뭣 볼 새도 없었다.

  가장 급한 것은 내일 모낼 때까지 모를 심을 수 있도록 논을 완전히 닦달해두는 것이었다. 물을 잡아 가두고 쟁기질을 하고 써레질을 하고 구석구석 논을 골라두어야 했다. 소 있고 쟁기질 잘하고 물 넉넉한 집은 그래도 여유가 있지만 이도 저도 아닌 집은 모내기 한 번 하려면 그야말로 애간장이 다 녹았다. 농부들은 어떻게, 어떻게 산골 삿갓배미부터 작은 들판 논들까지 파랗게 모를 냈다.

  모내기나 보리 베기처럼 혼자 힘으로 하기 어려운 일들은 어떻게든지 품앗이를 했다. 작은 마을들은 대개 하루에 두 집이나 세 집 정도가 모내기를 했다. 상을 당하거나 집안에 큰일을 당해서 모내기 철을 조금 넘긴 집은 동네 사람들이 모두 나서서 그냥 모내기를 해주었고, 제일 늦게 모내기를 하는 집에서는 동네 써레 시침을 하고 저녁 내내 굿을 치고 놀았다. 그러고 나면 논물 때문에 죽일 놈 살릴

놈 하며 물불 안 가리고 싸웠던 이들도 저절로 화해가 되었다. 동네에서 벌어지는 모든 대소사를 자기 일처럼 여기고 모두 힘을 모아 해결하며 정을 나눴다. 늘 같이 일하고, 같이 먹고, 어울려 놀던 시절이었다.

세월이 흘렀다. 세월은 그냥 흐르는 게 아니고 농촌을 해체하고 황폐화시켜버렸다. 밤꽃 필 때 누렇게 익어 있던 산밭의 보리들은 이제 눈을 씻고 봐도 우리 동네엔 없다. 여기저기 무논에 파랗게 떠 있던 모춤도 볼 수 없고, 여기저기 논 가득 노래를 부르며 모내던 사람들도 간 곳이 없다. 자운영꽃이 붉게 피어 있는 논을 세월아 네월아 이랴 저랴 쟁기질하던 농부의 한갓진 풍경은 사라진 지 오래다.

이제 들판에는 이앙기가 다니며 띄엄띄엄 모를 심고 그 논에 이제는 쉬어야 할 머리 하얗고 허리 굽은 농부들이 모를 때우는 모습이 안타까울 뿐이다. 물 나고 빛 좋은 곳에 마을을 이루어 살며 같이 일하고, 같이 먹고, 같이 어울려 놀며 자연과 더불어 조촐하게 삶을 꾸리던 농부들은 사라지고 경제성을 따져서 농사를 지어야 하는, 그야말로 농업만 남았다.

올해도 앞산 뒷산 밤꽃은 피어 그 향기에 나는 어지럽고 소쩍새도 이 산 저 산에서 우는데, 밝은 달빛 아래 마을과 산과 들은 죽은 듯 적막하기만 하다.

그후의 이야기

고향에 사는 것이
고통이었다

　고백하건대, 고향에 사는 것이 고통이었다. 나는 지금 내가 태어나고 자란 덕치면과 이웃 면에서 36년째 교사로 근무하고 있다. 태어나 자란 곳에서 평생 동안 살아오며 나는 고향이 변해가는 과정을 두 눈으로 똑똑히 지켜보았다.

　이른 새벽 마을회관에서는 새마을 노래가 작은 마을 골짜기를 쾅쾅 울렸다. 마을의 길이 넓혀지고 초가지붕도 없애고 돌담들이 다 사라져갔다. '새마을'이 되어가면서 고향은 크게 흔들렸다. 우렁찬 새마을 노랫소리 속에 마을 사람들이 고향을 떠나갔다. 고향 마을에는 하나둘 빈집이 늘어가고 산에 밭들이 묵어가고 산골짜기 논들이 산이 되어 사라졌다. 40여 가구가 살던 우리 마을에 지금은 13가구 정도가 살고 있으며, 허물어져가는 빈집과 집터엔 잡초가 무성하다. 달이 뜬 밤 부서진 빈집과 허물어지고 쓰러진 빈 집터를 지나며 그 집에 살던 동무들과 그 식구들을 나는 생각한다.

40여 가구에 학교 다니는 아이들도 40여 명이 되었다. 나는 그 아이들과 걸어서 학교를 다녔다. 봄이 가고 여름이 오고 가을이 가서 겨울이 오고 다시 봄이 오는 그 강길에서 나는 어린 시절과 청춘 시절을 다 보냈다. 산과 강과 들이 있는 그 길은 내게 시를, 인생을, 세상을, 세계를 일러주는 학교였다. 그 길에서 아이들이 하나둘 사라지더니 어느 해 아이들이 다 사라져버렸다. 그리고 그 아름다운 '시'의 길도 이제는 사라졌다. 교실 유리창에 이마를 대고 아이들이 사라진 텅 빈 강길을 보며 나는 텅 빈 마음을 어떻게 하지 못해 속으로 울었다.

나무 한 그루, 돌멩이 하나만 옮기려 해도 손 없는 날을 받고, 뜨거운 물을 버릴 때도 반드시 식혀 버리던 어머니가 농약통을 짊어지고 앞산 밤나무밭을 벌겋게 태우시는 것을 나는 보았다. 꼿꼿한 몸으로 나뭇짐을 지고 산을 펄펄 날며 동네일이라면 자기 몸 돌보지 않고 물불 안 가리며 달려들어 일을 추리던 한수 형님과 종길이 아재 머리 위에 흰 서리가 내리고, 휘어져가는 등으로 밭을 가는 것을 바라보는 것도 내게는 가슴 아프고 슬픈 일이었다. 봄이 오면 그분들이 노구를 이끌고 지금도 어김없이 못자리를 한다. 그들이 지키고 사는 녹슨 슬레이트 지붕 위 서러운 살구꽃을 바라보면서 나는 살았다.

진달래꽃을 꽂은 나뭇짐을 짊어지고 산을 내려와 엎드려 물을 마시던 징검다리는 무참하게 부서지고 물도 따라 죽어갔다. 어느 해부턴가 나는 앞강에서 목욕을 하지 않는다. 강에서 잡은 물고기찌개를 보면 꺼림칙했고, 몇 분이면 한 끼 먹을 국을 끓일 수 있을 정도로 잡았던 다슬기도 강에서 사라져갔다. 사람들이 이제 죽어가는 강에 둑을 쌓고 있다. 수천 년을 흐르며 만들어온 아름다운 강의 길을 허물고 강바닥을 긁어 흉물스럽게 둑을 쌓는다. 죽어가는 강을 더 빨리 죽이는 강변의 저 포클레인 소리가 나는 무섭고 겁이 난다.

이 나라 산천에 봄이 와 봄꽃들이 산천을 불 지르고 지나간 자리에 다시 찬란하게 새잎들이 어김없이 피어난다. 새잎도 꽃이다. 눈이 부시다. 그러나 우리의 일상은 정신적인 가난에 찌들어가고 피폐해졌다. 꽃들이, 새잎들이 만산을 덮으면 무엇하나. 자본의 탐욕과 폭력 앞에 생명이 죽고 자연이 죽고 인간성이 죽고 우리의 고향이 죽어간다. 시대착오적이라고 하지 마라. 때늦게 이 무슨 뚱딴지 같은 소리냐고 하지들 마라. 어찌 세상이 변하지 않겠는가. 그러나 정신을 차리고 우리가 사는 꼴을 한번 들여다보라. 우린 진정 행복한가? 인정사정없이 부서지는 고향 산천에 사는 것이 나에게는 쓰라린 고통과 눈물의 세월이었다.

김용택의 섬진강 이야기 5
같이 먹고 일하면서 놀았다네
ⓒ김용택 2013

초판 인쇄 | 2013년 1월 11일
초판 발행 | 2013년 1월 18일

지은이 김용택
펴낸이 강병선
책임편집 이연실 | 편집 주상아 임혜지 오동규 | 독자모니터 정혜인
디자인 엄혜리 최미영 | 마케팅 우영희 나해진 김은지
온라인마케팅 김희숙 김상만 이원주 한수진
제작 서동관 김애진 임현식 | 제작처 영신사

펴낸곳 (주)문학동네
출판등록 1993년 10월 22일 제406-2003-000045호
주소 413-756 경기도 파주시 문발동 파주출판도시 513-8
전자우편 editor@munhak.com | 대표전화 031)955-8888 | 팩스 031)955-8855
문의전화 031)955-2660(마케팅) 031)955-2651(편집)
문학동네카페 http://cafe.naver.com/mhdn | 트위터 @munhakdongne

ISBN 978-89-546-2033-8 04810
      978-89-546-2028-4 04810 (세트)

* 이 책의 판권은 지은이와 문학동네에 있습니다.
  이 책 내용의 전부 또는 일부를 재사용하려면 반드시 양측의 서면 동의를 받아야 합니다.
* 이 도서의 국립중앙도서관 출판시도서목록(CIP)은 e-CIP 홈페이지(http://www.nl.go.kr/
  ecip)와 국가자료공동목록 시스템(http://www.nl.go.kr/kolisnet)에서 이용하실 수 있습니다.
  (CIP제어번호: CIP2013000066)

www.munhak.com